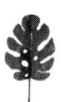

우물에서
생각을 긷다

우물에서
생각을 긷다

김태열 에세이

| 글을 쓰면서 |

사방에 옅은 어둠이 깔렸다. 적벽강 해변의 언덕에 서 있다. 파도가 별빛을 받으며 밀려오고 있다. 이윽고 파도는 높이가 힘겨운 듯, 바닥에 부딪힌 후 하얀 거품을 내면서 힘찬 기세로 달려 나간다.

누구나 때가 되면 파도처럼 부서지고 사라져야 한다. 파도는 모래사장을 만나 포말을 만들며 일순간 흩어졌다. 그러나 또 다른 파도의 포말과 함께 영원히 오고 갈 테다.

순간의 고독 속에서 내 속에 일어나는 생각은 포말이 되겠지만, 또 다른 누군가의 포말로 거듭난다는 생각이 들었다. 인생은 참으로 무상하면서 영원하다. 점점 머리가 아닌 가슴의 빈틈으로 그 의미가 들어오기 시작한다.

누구나 인생의 산모퉁이를 돌아가야 할 때를 맞이한다. 그 길 앞에서 서성이며 오랫동안 마음속에 머물고 있는 생각, 미래에 올라올 생각들을 다듬어 보고 싶었다.

꽃이 피면 벌떼가 찾아들 듯, 세상은 참으로 우연과 필연이 겹쳐 일어나는 듯하다. 어쩌면 우연이라는 가면을 쓰고 필연이 말하고 싶어 하는지 모른다. 그동안 틈틈이 쓴 글을 추슬러보니 38편의 글이 되었다. 세상에서 가장 오래된 책, 주역의 64괘 중에 규괘睽卦라는 이름의 괘가 있다. 38번째 괘다. 어긋난다는 뜻을 가지고 있다.

어긋남. 내 속에 있는 순수한 나와 일상의 나는 얼마나 어긋나 있는지. 저마다의 욕망을 충족시키기 위해 숨 가쁘게 달려가고 있는 시대의 흐름과 내가 가는 길의 방향은 얼마만큼 어긋나게 가는지. 인연은 왜 갈수록 어긋나게 흘러가는 것인지. 아니, 세상살이는 원래 어긋남의 연속이 아니겠는가. 이제 그 어긋남이 나의 가슴에 머물러 있어도 되는 나이가 되었는가 싶다.

막상 지식과 정보의 홍수 속에 내 생각의 얇은 조각들을 책으로 세상에 드러낸다고 생각하니, 어긋남에 또 시비를 더하는 것은 아닐는지.

글을 쓰면서 어긋남이 무엇인지 희미하게나마 눈에 들어오기 시작했다. 그 어긋남은 간극이었다. 세상에 휘둘린 나와 내 안의 내가 갈등하며 빚어내고 있는 틈이었다. 그곳에는 욕망의 강이 흐르고 있었다. 나는 헛된 욕심을 줄이기 위해 수많은 사람들의 생각과 고민이 아직도 생생하게 숨을 쉬고 있는 동양의 사유에서 답을 찾고 싶었다.

그 곳을 걷다보니 한발 두발 내 딛는 길에는 이미 옛 선인들의 깊은 사유가 깃들어 있었다. 나는 그 길의 순례에서 떠오른 생각들을 우물에서 물을 긷는 것처럼 자연스레 그릇에 담았다.

노자는 도가도道可道 비상도非常道라는 말로 시작한다. 도는 인간이 만든 개념으로 도라고 이름을 붙이면 그 도는 원래의 진실한 도가 아니라는 말이다. 이 짧은 글귀 속에 참으로 많은 생각들이 수수께끼처럼 숨어 있었다. 내가 아는 내가 아닌, 즉 참된 나는 생각의 껍질인 말로서 온전히 나타낼 수 없다. 하지만 말에 의지해 가지 않고는 그곳으로 나아갈 수 없다. 그것이 무언가를 찾기 위해 헤매는 것이 인생의 의미인 듯싶다. 어쩌면 그 길을 걸어도 끝내 그 무엇을 찾지 못할 수 있지만, 그 길을 가고 싶기에 외로움까지 벗 삼아 걸어가고 싶다.

　우물처럼 나의 내면 깊은 곳에서 샘솟아 올라오는 생각의 깊이가 얼마인지 재어보고 싶었다. 막상 꺼내놓고 보니 그 생각의 깊이는 그리 깊지 못했다. 겨우 송사리가 헤엄칠 정도밖에 되지 않았다. 우물물을 계속 길어올려야 맑은 물이 되듯이 생각도 계속 꺼내야 생각을 이루는 바탕이 맑아지게 된다.

　그 생각의 샘에서 끄집어 올린 감정의 앙금들을 걸러서 수필이라는 형식으로 담았다. 혹여 말이나 글이 너무 많아, 말과 글로써 위로가 필요 없는 시대에 또 하나를 더하는 것이 아닐까 하고 두려운 마음이 앞선다. 그래도 지나온 날들을 반추하고 인생항로에 하나의 선을 긋겠다는 욕심이 더 앞섰다.

　이 조그마한 산문집이 나오게 되기까지 도움을 주신 분들이 많았다. 무엇보다 글의 향기를 함께 맡으며 격려해 준 도안문학회 문우님들과 옆에서 묵묵히 지켜봐 준 아내와 가족에게 감사의 인사를 전하고 싶다.

2018년 시월에

| 차례 |

글을 쓰면서   4

01 고전의 문을 두드리다

마음의 골방을 열며   14
공자의 숲으로 들어가다   18
책으로 그리는 자화상   23
레드, 거대한 벽   28
맹자를 만나다   33
버킷 리스트에 하나를 넣다   38

02 인생의 여백에서 인연을 만나다

인연	48
부에 대한 짧은 생각	52
이상한 친구들에게	56
상사화, 만남과 이별의 꽃	61
인생의 오후	65
내 몸과 소통하기	69
음식은 저마다의 추억을 담고	73
알파고가 드러낸 어떤 세상	78
강 위에 서서 강을 그려보다	83
귀향鬼鄕	88
의도하지 않은 실수	93
가을걷이 여행	97

| 차례 |

03 둥지의 의미를 생각하다

너만의 빛을 내기를	104
낯선 홀로서기	109
가족의 첫 해외여행	114
우리 집 보물이야기	119
뜻밖의 결혼식	123
어머니의 찐빵	128
새로이 맞이하는 주말부부	132
기억의 첫걸음	137
잡초와 함께	142
부부, 마음의 고향을 찾아서	147

04 여행의 무늬를 그리며

인생의 쉼표	154
가까이 있지만 너무 다른 두 섬	161
울릉도와 독도를 찾아서	166
선재길을 가다	171
용산구곡을 찾아서	175
영축산 암자에게 말을 걸다	180
무등산 너머	186
물빛의 향연을 만나다	191
겨울 한라산 눈꽃여행	196
우리, 이베리아반도를 가다	201

부록   주역에 대한 단상   214

01

고전의 문을 두드리다

마음의 골방을 열며

추워서 추운 게 아니다. 겨울이 지나고 막 봄이 오기 시작할 무렵이면 애타게 봄을 기다리는 마음으로 더 춥게 느껴진다. 이미 마음이 겨울을 떠나 봄으로 달려가 있어 서둘러 겨울옷을 벗어버린 탓이다.

직장이라는 보호구역 안에서 천연기념물처럼 세월과 더불어 무성하게 가지를 뻗어 나가던 나에게도 겨울이 왔다. 그동안 사방으로 뻗어나간 가지들이었지만 쓸모없다는 이유로 힘없이 잘려 나가고 추억을 품고 자리를 비켜주어야만 하는 고목이 되었다. 이제 겨울의 차디찬 바람에 맨몸으로 맞서 당당히 이겨낼 수 있는 힘을 길러야만 한다. 그래야만 다시 맞이하게 될 새로운 봄에 잎도 피우고 꽃도 기약할 수 있을 테다.

머잖아 직장이라는 보호구역의 울타리를 벗어나 홀로 가야할 길은 미지의 문을 열고 들어가는 일일 것이다. 호기심과 막연한 불안감이 갈마들면서 마음이 점점 착잡해졌다.

지금 세상은 마치 안개로 감싸져 있는 듯, 어디로 가는지 모를 정도로 앞날이 불확실하게 보인다. 게다가 저성장, 고령화, 저출산이 퍼트리고 있는 변화의 물결은 쓰나미처럼 엄청난 기세로 온 나라를 휩쓸고 있다. 그런 가운데 백세 시대의 도래라는 새로운 문까지 열리게 되었다.

내 주변에 나와 엇비슷한 연배의 친구들이 사는 형편을 둘러보면 베이비붐 세대인 내가 한 직장에서 삼십년 이상이나 근무하고 있다는 사실이 행운처럼 여겨질 수도 있다. 그러나 안도는 한때의 위안일 뿐이다. 나는 곧 마주하게 될 인생 2막의 출발에서 어떤 배를 타고 어떻게 항해할지에 대한 근본적인 질문을 스스로에게 던지고 있었다.

회사에서 먹는 점심은 약간 한가한 시간대를 골라 구내식당을 이용한다. 가끔은 오고 가면서 주고받는 머쓱한 인사를 피하고자 나들이 삼아 바깥식당으로 나간다. 와동과 장동을 이어주는 계족산 한 자락인 재를 넘고 조그마한 하천을 건너서 논밭 길을 따라 식당으로 간다. 느릿하게 걸으면 30여 분 걸리는 거리다. 운동도 되면서 머리도 식힐 수 있고 덤으로 주변을 둘러보는 운치도 솔솔 느낄 수 있다. 사시사철 변하는 산과 들의 풍경을 보면서 예전에는 바쁘다고 지나쳐버렸던 자연의 속살과 내밀한 속삭임을 가져보기도 한다.

식당 가는 길 중간쯤 이름 모를 산언저리에 덕윤향원德潤鄉苑이라는 글자를 돌에다 음각으로 새긴 표지석이 있었다. 이 길을 오랫동안 다닌 동료에게 덕윤향원이 무엇이냐고 물어보니 몇 종류의 나무가 심어져 있는 동산이라고 했다. 그냥 덕윤이라는 이름을 붙인 농원이나 묘소인가 싶었다. 거의 일 년 동안 아무런 의미를 느끼지 못한 채 무심히 지나쳤다.

몇 년 전이다. 직장의 울타리를 벗어난 후 마주하게 될 두 번째 인생무대에서 무엇으로 보람을 찾을 것인가를 고민하였다. 인생이라는 길에서 만난 여러 인연들의 의미를 풀어내면서 나의 내면을 들여다보는 공부가 좋을 듯싶었다. 한자문화권에 있는 지적토양 위에서 문화적 소양과 인문학적 안목을 기르기 위해서는, 한문에 대한 기초적인 해독능력이 필요하다는 생각이 들었다. 예로부터 한문을 배우는 방법은 먼저 천자문, 동몽선습, 소학 등을 익힌 다음 대학, 중용, 맹자, 논어로 이어지는 순서로 공부하였다고 한다. 사서 중 대학은 경문이 짧아서 접근하기 쉽다. 독송 파일을 스마트폰에 깔아서 한적한 길을 걸을 때면 음악을 듣는 것처럼 음미했다. 그동안 아마 몇 백번은 들었을 성싶었다. 아직도 깊은 뜻은 잘 모르지만 연관되는 의미와 좋은 경구가 간혹 떠오르기도 하였다. 계속 듣다 보면 대학이 가진 의미가 내 속에서 살아 꿈틀대는 때가 오리라는 희망으로 몇 년이 지난 지금도 듣고 있다.

어느 날 점심 먹으러 나들이 가는 길이었다. 그동안 아무 생각없이 지나쳤던 덕윤향원의 글자를 보는 순간 갑자기 머리가 밝아지는 느낌이 왔다. 이 말은 대학에 있는 부윤옥 덕윤신富潤屋 德潤身의 구절을 인용한 글자였다. 거의 늘 귀로 들은 말인데 왜 그동안 한 번도 연관시키지 못했는지, 새삼 일천한 한문공부에 대한 자괴감이 들었다. 이 향원의 주인은 자기가 노는 터전 내지 유택을 덕으로 가득 찬 무릉도원으로 만들고 싶어 했는지 모르겠다. 이 조그만 시골에서도 이런 문구를 쓸 수 있는 사람을 만나다니, 논어에 나오는 한 구절인 이문회우以文會友의 느낌이 절로 들었다. 예기치 않는 곳에서 뜻밖의 만남은 이처럼 기쁘다. 왜 일 년 동안 마주치면서 한 번도 이런 생각을 못했을까, 새삼 본다는 것과 안다는 것의 거리가 얼마나 먼 것인지 실감되었다.

세상은 조금만 열린 눈으로 보면 온통 낯선 곳이다. 늘 보는 익숙함을 벗어나면 만나는 사물과 자연은 저마다의 빛을 품고 있음을 알게 된다. 그러나 나에게 이 빛들을 연결시킬 수 있는 바탕이 없다면 그냥 흘러가는 모습일 뿐이다. 각각의 사물들이 가지고 있는 빛과 보는 자의 바탕이 합일되는 순간, 개별적인 의미들은 서로 연결되면서 새로운 형태로 창조될 수 있을 게다. 그렇게 인고의 시간을 견디면서 한 송이 국화처럼 새롭게 피어난 내면의 꽃은 나의 인생을 밝히는 소중한 빛이 되리라.

시간은 무심코 흘러간다. 점심때 가끔씩 호강하는 여유도 몇 년 뒤에는 기억의 저편에 추억으로 머물고 있을 터이다. 직장의 보호구역이 보장해주는 편안한 길에서 반쯤 빗겨나 보니 그 무엇이든 오면 오고, 가면 가는 한 때임을 받아들이는 여유도 조금 생긴다. 그동안 마주친 인연마다 의미를 갖고 찾아왔지만 바쁘다는 이유로 마음의 골방에 그냥 쌓아놓고 있는 그 무엇도 꽤 많이 있을 게다.

그렇게 내 삶을 이루는 바탕의 재료들로 지금의 내가 있겠지만, 아직도 내 속 어딘가에서 잔뜩 먼지를 쓰고서 거듭나기를 기다리는 무엇이 있기에, 마음의 골방 문을 열어야겠다.

내가 아는 내가 아닌, 더 큰 나를 찾아가는 미지로의 여행을 떠나기 위해.

공자의 숲으로 들어가다

지난 몇 년간 그와 함께 한 여행은 마음의 길을 찾는 여정이었다. 처음 그 길은 가시덤불 사이로 난 꾸불꾸불하고 어두컴컴한 산길이었다. 그 길을 헤매다 보니 새벽에 내린 안개로 희미하게 보이는 미로로 이어졌다. 잘 모르는 길을 더듬어 가는 과정이 열두 고개 넘는 것 같아 몇 번이나 돌아가려고 했지만 한 고비를 넘어가면 더 나아가게 하는 특별한 끌림 같은 게 있었다.

논어는 삶이 힘들 때 쉬어갈 수 있는 마음의 숲이었고 공자는 역사의 빛과 그림자였다. 수천 년 동안 한자 문화권에서 살아온 사람들에게 공자가 던진 말은 숲이 내뿜는 산소처럼 사방으로 퍼졌고, 오늘날에도 여전히 우리의 삶에 알게 모르게 스며들고 있다.

공자가 살았던 춘추시대는 농업을 기반으로 한 자급자족의 사회였다. 아직 인간의 보편적인 욕구를 충족시킬 수 있는 물질문명이 개화되지 않았으며, 사상의 분화가 일어나기 전 인문의 씨를 뿌리는 시대였다. 그런 시기에 공자와 그의 제자들이 나눈 대화록이 이천오백여 년의 역사의 무게를 견인한 채 아직도 서점에서 꾸준히 진열되고 있다. 나는 어릴 적 소풍갔을 때 숲에 숨겨진 보물을 찾기 위해 헤매던 것처럼 그가 숨겨놓은 미지의 보물을 찾고 싶었다.

나는 논어를 통해 한줄기 깨우침을 얻을 게 있을 거란 생각이 들었다. 공자가 일구어 놓은 비밀의 숲을 탐구하기 위해 긴 호흡으로 천천히 논어의 숲으로 침잠해 들어갔다.

그는 유교의 시조로 개혁가이자 때론 체제수호자로 받아들여졌다. 근대에 들어서서는 청산해야 될 유물로 취급당하는 수모를 겪었지만 지금은 부활하려고 한다. 문사철의 화려한 꽃을 피운 유교는 지난 시대의 유물처럼 현저하게 빛이 바랬지만 아직도 도처에서 희미한 빛을 내고 있다. 공자는 믿음을 강요하거나 내세를 말하기보다는 현실의 세계에서 살아가는 법을 이야기하고, 고대로부터 전승된 각종 기록이나 구전들을 정리하고 편찬하였다. 그의 존재로 말미암아 비로소 인문의 깃발이 역사 속에 높이 펄렁거리게 되었다. 수천 년의 세월을 건너뛰어 논어를 통해 내가 만나는 공자는 누굴까. 내게 그려진 공자의 모습은 또 다른 나의 자화상을 그리는 일일 수도 있겠다는 생각이 들었다.

논어는, 처음 읽었을 때 가슴을 뭉클하게 하는 메시지를 안겨주지 않았다. 간혹 읽다가 눈에 들어오는 유명한 문구는 우연히 마주친 손님처럼 다가왔다가 떠나면 그만이었다. 나는 논어의 대문을 열고 들어가 글자 너머 깊숙이 잠자고 있는 지혜의 샘물을 음미하고 싶었다. 그러기 위해서는 번역이 아닌 원전을 읽어 보아야 글이 주는 깊은 울림을 체험할 수 있다. 논어에서 공자가 가장 많이 언급한 말은 학學이고, 제자와 한 일은 학문學問이었다. 공자는 배우고 기록하며, 물어서 판단하는 것 學而聚之 問而辨之을 학문이라고 하였다. 돌이켜 보니 나란 존재도 끊임없이 배우고 익히면서 이 힘든 세상을 그나마 버텨낸 듯싶다.

어렵지는 않지만 까다롭고 거듭 읽어야 되는 책이 논어다. 게다가 시간적, 공간적, 그리고 문화적 거리까지 더해지니 읽어내기도 쉽지 않고, 담고 있는 메시지는 때론 현실과 너무 먼 이야기처럼 느껴졌다. 첫머리에서 학이시습學而時習이라고 하듯이 공부는 반복이다. 마치 양파껍질 벗기듯 본문을 읽고, 주자가 해석한 집주로 본래의 의미를 찾아내 보고자 하였다. 이윽고 한 줄 한 줄 이해되었던 내용들이 하나의 큰 틀을 이루면서 혼돈스러웠던 논어도 서서히 새벽안개를 헤치고 나타나는 여명처럼 이해되기 시작했다.

논어는 배우고 익히면 기쁘다는 말로 시작된다. 처음에는 너무나 평범한 말로 여겼지만 나이가 들어갈수록 더욱 울림이 있고 그 의미가 실감되었다. 두 번째 문장은 벗이 찾아오면 즐겁다고 했다. 인생의 중반전을 넘긴 나이가 되니 점점 나를 둘러싼 관계망이 좁아지고 있기에 뜻이 맞고 이야기가 통하는 진정한 친구가 더욱 그리워진다. 세 번째는 나를 알아주지 아니하여도 서운해하지 말라고 한다. 만나고 헤어지는 인간사에서 섭섭함이나 서운함은 늘 찾아오는 손님과도 같다. 사람과의 관계에서 서로를 이어주고 북돋아주는 힘은 나를 미루어 상대를 헤아릴 줄 아는 공감능력이다. 나는 논어읽기를 통해 중년에 이른 나의 생각을 반추해 볼 수 있었고, 기억에 남는 몇 구절은 내면에서 깊은 공명을 일으키고 있었다.

공자는 끊임없이 묻고 배우기를 멈추지 않는 사람이었다. 특히 시를 존중하여 시경을 공부하면 많은 지식을 얻을 수 있다고 하였다. 사실 공자가 알고 있는 지식이라고 해봐야 지금의 과학기술에 비추어 보면 초보적 수준에 불과할지도 모른다. 그가 지금 시대에 다시 태어나 인터넷으로 연결되는 지식정보사회를 본다면 어떤 말을 할 수 있을까. 그는 배움을 통해 삶을 이해하고, 인간의 가치를 구현하기 위해 길을 떠난 구도자였다.

논어에는 의외로 스승과 제자의 자유로운 토론, 제자의 출신성분을 따지지 않는 분위기, 누구나 와서 배울 수 있을 정도의 교육비, 자리에 머무르고 물러남에 자유로움 같은 것이 있었다. 지금의 관점으로 봐도 놀라움을 갖지 않을 수 없다. 공자와 주자를 존숭하는 조선의 유교가 시조라고 할 수 있는 공자의 활달한 기상과 너무나 다른 모습으로 나타난 것은 참 아이러니하다.

공자는 고대사회의 이상향을 현실에서 실현하기 위한 일념으로 출세의 기회를 구하지만 기득권에 막혀 매번 좌절한다. 오늘날 마주친 문제와 놀랍게도 닮았다. 종교와 정치, 경제의 구조적 틀 안에서 개인은 너무나 왜소한 존재다. 그 제도 안에서 출세의 사다리를 오르기 위해 발버둥 치지만 곳곳에 장애물이 놓여있다. 사다리를 오르지 못하는 사람은 패배자로, 방관자로 남는 게 주변에서 보는 우리의 현실이다.

공자도 출생은 요즘 말로 흙수저였다. 그는 안 되는 줄 알면서도 자신의 꿈을 이루기 위해 줄기차게 도전했지 그냥 운명이라고 체념하지 않았다. 세월과 함께 그는 자신의 한계를 깨달았다. 마침내 거인은 역사의 울림을 알았는지 모든 힘을 내부로 돌려 풀무처럼 인간 심성을 고양시키는 시경, 서경, 그리고 역경의 십익+翼과 같은 그릇을 만들었다. 이제 그는 가고 없지만, 지금도 역사와 사상의 원천이면서 시대를 잇는 정신의 연결자가 되었다. 공자와 그 제자들이 인간 심성의 밑바닥에 파 놓은 샘물은 지금까지 세대를 이어 긴 물결로 연결되고 있다.

평생 공자가 제자와 나눈 대화는 나와 내면의 나, 나와 사람과의 관계에 관한 이야기다. 지금 공자가 나에게 전해주는 가르침은 늘 공부하고 사회와 적당한 거리를 유지해 가면서, 삶을 있는 그대로 인정하고 자유롭게 살아가라는 울림으로 다가온다.

공자의 숲에서 한 마리 어린 소쩍새가 날고 있다. 정들었던 둥지를 떠나 더 높은 하늘을 향해 날아오르기 위해 날갯짓을 익히고 있다.

책으로 그리는 자화상

　인생의 반환점을 돌면서 지나온 삶의 자취를 뒤돌아보았다. 인생의 무게에 눌린 탓인지 내가 그리는 하늘의 크기는 너무나도 작아져 있었다. 무엇을 꿈꾸며 날았는지 삶의 궤적은 희미하지만, 현실의 굴레에서 벗어나고픈 자취를 말해주듯 오래된 책들이 전시관의 화석처럼 한쪽 벽에 진열되어 있다.

　돌이켜보니 책은 내 속의 나를 찾아가게 하는 꿈이었다. 책을 읽는 순간은 자유를 꿈꿀 수 있었다. 장자 소요유逍遙遊에 "한 번 날면 구만리를 날아오르는 붕鵬이라는 새를 겨우 나뭇가지 정도밖에 오르지 못하는 뱁새가 붕을 비웃는다"는 이야기가 있다. 현실에 갇힌 왜소함의 한계를 벗어나기 힘들다는 비유다. 나는 무한한 세계로의 비상을 책을 통해 꿈꾸었다.

　책과의 인연은 좀 있는 편이었다. 어릴 적 어머니가 태몽으로 본 나의 사주를 들려주었다. 문文과 친할 팔자라고 했다. 청소년 시절, 앞길이 막막하여 학업에 대한 흥미가 없을 때에도 책에 대한 관심은 조금 있었다.

인생이란 항로에서 우여곡절이 있었지만 책과의 인연은 희미한 불빛 속에서도 면면히 이어졌다.

한국에서 태어난 남자들에게 군대는 참 이상야릇한 풀무와 같다. 군대에서 때늦은 철이 들었다. 마치 봄에 새싹이 올라올 때 대지에 균열을 일으키듯, 인생에 대한 자각의 힘이 책을 벗 삼아 기지개를 켰다. 바깥출입이 많았던 보직이라 틈틈이 군립도서관에 출입하였다. 이런 내가 좀 대견해 보였는지 도서관장은 기꺼이 책을 빌려 주었다. 대학생일 때에는 전공이 아닌 책을 사 보는 게 주머니 사정상 어려워 도서관에서 자주 대출받아 읽었다. 회사에 다니기 시작해서는 서점의 책과 경제적인 거리가 조금씩 줄어들기 시작했다.

책은 읽어보는 재미도 쏠쏠하지만 무엇보다 서점에 가서 쭉 훑어보고, 눈에 쏙 들어오는 책을 발견하면 마치 보물이라도 발견한 듯 기뻤다. 주머니에 약간의 여유가 생기고 난 뒤로는 일주일 동안에 읽을 수 있는 분량의 책이 아니라 대충 제목을 보거나 머리말만 보고서 한꺼번에 여러 권을 사곤 하였다. 출장 등으로 낯선 장소에서 며칠 머무를 때에도 가급적 동네서점을 둘러보며 의무감이라도 있는 듯 책을 사곤 했다. 주말부부로 타지에서 근무했던 시절에는 그 지역의 서점과 꽤 친하게 지냈었다. 거의 이십 년 전의 일이다. 노르웨이에 한 달 간 연수 후 돌아오는 길에 기내로 짐을 부칠 때 짧은 영어 탓도 있었지만, 구입한 책 무게로 항공기 초과요금을 꽤나 물었던 불편한 기억도 있다.

수십 년을 틈나는 대로 사 모은 책은 어느덧 욕심만큼 늘어났다. 집은 넓히지 못하고 책꽂이만 점점 늘어났다. 술이 술을 먹듯이, 책을 사는 취미도 버릇이 되었다. 책 제목만 보거나 서문 몇 줄만 읽고서 언젠가는 읽어 보겠지 하는 생각으로 사서 모았다. 늘어난 책들만큼 책에 메이다 보니 자연히 부자가 되고픈 욕구는 줄어들었다. 오십 중반을 지나니 책을 보면 눈이 침침해지기 시작하였다. 어느 순간부터 활자체가 작은 책은 중압감으로 다가오고 새로운 책에 대한 호기심이 줄어들었다. 요즘도 가끔 서점에 들러 무슨 책이 나왔을까 하는 호기심으로 둘러본다. 이때도 제목만 훑어보거나 책장을 넘기면서 눈동냥으로 호강하는 경우가 더 많다. 더러 책을 사보기는 하나 바로 사지 않고 몇 번씩 열람 후 사는 편이다.

지천명의 중반을 넘긴 후에는 전공과 관련된 책은 미련 없이 거의 처분해 버렸다. 이젠 내가 한때 관심 있었던 책들만 있다. 집이고 사무실이고 가까이 있는 곳에는 책이 있다. 어떤 때는 책도 생물인 것 같다는 느낌이 든다. 이제 책이 세월의 무게까지 얹어 나에게 무언의 압박을 주는 것 같다.

밤마다 나의 눈길을 기다리는 책이 있는 듯하다. "언제 읽으려고 샀어요, 왜 나한테 관심을 주지 않냐" 하고 무언의 소리를 낸다. 그렇다 해도 선뜻 찾아서 다가가지 못한다. 나의 욕심으로 너무 많은 책을 사 모은 듯싶다. 그동안 몇 번의 이사 때마다 가장 애물단지가 책이었다. 책을 골라서 버리기도 했으나 막상 떠나보내는 게 영 만만하지 않았다. 집에서 어느 순간 큰 맘 먹고 쓸모없는 책을 고르는 중에 한때의 추억이 묻어 있고 또 언젠가 한 줄이라도 필요할 구절이 있을지도 모른다는 생각이 들었다. 몇십 권의 책을 버리다가 그만두고 말았다.

그동안 사 놓은 책 중에서 읽은 책은 얼마나 될까, 무엇 때문에 굳이 책을 사서 보려고 하였을까. 가끔 밤에 홀로 몇십 년에 걸쳐 서가에 꽂혀있는 책을 훑어 보면서 상상의 스케치를 그려 본다. 타인의 시선에서 벗어난 나의 자유의지로 이곳까지 와 있는 벗들이다. 친구의 인품을 통해 주인의 인격을 가늠하듯이 책의 제목을 통해 내가 추구한 삶의 이면을 솔직하게 그릴 수 있을 것 같다. 마치 화가가 자화상을 그리듯이 말이다.

찬찬히 제목만 훑어보면 결국 동양학의 세계를 더듬었던 것 같다. 불학, 주역, 유학을 비롯한 동양학, 기학, 동양의학, 잠깐씩 손자병법, 경영학, 관상, 풍수, 신과학에도 관심이 있었던 흔적을 보여준다. 지금까지 읽은 책 중에서 기억에 남는 책이 몇 권 있다. 과학의 재미를 일깨운 『The histoty of science』, 『불교와 일반시스템』, 『현대 물리학과 동양사상』, 동양의학으로 관심을 이끈 『동양의학혁명』, 주역의 과학적 접근이라는 말로 호기심을 유도시킨 『주역원론』, 조금은 난해했던 『우주변화의 원리』. 노자의 세계로 관심을 이끈 『노자철학 이것이다』. 삶이 힘들 때 읽어본 『금강경』과 『육조단경』, 인생의 중반전을 넘긴 시점에서 가슴에 와 닿는 주역, 논어, 맹자…. 이런 종류의 책은 수많은 사람의 생각을 덧붙여 오면서 역사의 무게를 견뎌낸 탓인지, 거듭 읽어도 싫증이 나지 않는 묘한 매력을 품고 있다.

간혹 나 혼자 비밀의 화원에 있는 꽃을 찾는 마음으로 책을 바라본다. 생을 떠날 인연이 왔을 때 무덤까지 가져갈 수 있는 책은 몇 권일까. 불과 십여 권도 되지 않을 것 같다. 생을 넘어 죽음 이후의 여행에서도 함께 할 문우는 주역, 금강경, 논어, 노자 정도일 게다. 최후의 순간에 한

권만 골라라 한다면 무척 고민이 많을 듯 싶다.

  그동안 책이란 친구 덕분에 힘든 세상의 흐름에 휩쓸리지 않고 버텨낸 듯싶다. 남은 인생도 오랫동안 함께 한 책의 향을 맡으면서 살아가고 싶다. 논어는 학學으로 시작해서 지인知人으로 끝을 맺는다. 인생은 학을 통해 사람을 알아가고, 결국 나와 남을 알아가는 과정이다. 인생의 마지막 문턱을 넘을 때까지 책을 친구로 하여 여행을 계속하고 싶다.

레드, 거대한 벽

　재만 덩그렇게 남았다. 그가 일으킨 구름 같은 이야기와 생생한 불빛은 흔적도 없이 사라졌다. 아니 봄날의 벚꽃처럼 화려하게 피어나다 일순 바람에 흐트러지는 낙화가 되었다. 서울에서 마크 로스코 특별전시회가 개최되었다. 거의 두 달 동안 로스코와 관련한 기사가 봄날의 새싹처럼 곳곳에서 돋아났던 기억이 난다. 그림에 문외한인 나조차도 그의 그림전시를 보지 않으면 소양 없는 사람이라도 되는 듯한 느낌이 들 정도였다.

　마크 로스코 특별전시회가 서울 예술의 전당에서 열린다는 기사가 큼직하게 보였다. 난생 처음 들어보는 이름이지만 생소함을 훌쩍 뛰어넘어 신드롬이라고 할 정도로 언론은 호들갑을 떨었다. 추상표현주의자, 단순함의 미학을 창조한 사람, 애플의 스티브 잡스가 그의 그림에서 영감을 받았다는 사람, 말들의 수사 앞에 그는 거의 신화와 같은 존재로 다가왔다. 그림에서 선이 아닌 색으로 공간을 경계 짓는 사람, 비극이나 운명 같은 인간의 근본적인 감성을 표현하는 화가 등 많은 수식어도 따라 붙어있었다. 미술에 까막눈인 사람도 한번 가서 보고 싶은 느낌이 절로 들었다.

서울에 갈 일이 생겼다. 그동안 번잡함이 싫어서 주어진 일을 끝내면 곧장 대전으로 내려갔지만, 이번에는 길을 찾아서 가야 하는 번거로움을 무릅쓰고 예술의 전당에서 열리는 마크 로스코 특별전시회에 가기로 했다. 여름이고 더워 숨이 탁 막힐 것 같았다. 그곳에서 그림 관람은 처음이었다. 관람료가 좀 비싸다는 느낌이 들었다. 먼저 입구에서 마크 로스코의 일대기를 다룬 영화를 감상하였다. 마치 철학자 같은 말들의 진수성찬이 그림처럼 그려져 있었다.

'그림은 인간의 감정 저 밑바닥에 있는 본질을 끄집어내는 것이고 그림은 화가가 붓을 놓는 순간 완성되는 것이 아니라 보는 사람에게 영감을 불러일으킬 때 비로소 완성된다. 그림은 사람과 교감함으로 존재하는 것이며 감상자에 의해 확장되고 성장한다.' 마치 그림과 나 사이에 있는 무지의 장벽을 알아서 훌훌 걷어내 준다는 느낌이 들 정도였다.

그림이란 이 방면에 재능있는 특별한 사람만이 누릴 수 있는 권리라고 여겼다. 적어도 그림은 노력한다고 되는 경지가 아니라고 생각했었다. 그런데 그림이란 도구를 통해 삶의 진지한 문제까지 접근해서 근원적 감정을 공유할 수 있다는 말에 호기심이 발동하였다. 그동안 미술사에서 자리매김한 숱한 화가들은 그림을 그릴 때 순수한 감정의 밑바닥까지 도달했을까. 고흐나 피카소는 우리가 그림을 보고 느꼈던 그런 마음으로 그림을 그렸을까. 우리가 그림을 보면서 받는 느낌과 화가의 의도는 비슷한 연속선 상에 있을 수 있을까. 내면 깊숙이 던져진 그의 말들은 그림을 보기도 전에 내 마음속에서 잔잔한 파도를 일으키며 무지의 가장자리를 조금씩 열면서 들어왔다.

  신화의 시대부터 부활의 시대까지 시대 순으로 진열된 그림을 따라 관람하였다. 처음엔 정물화, 약간은 피카소풍이거나 아프리카의 강렬한 원색의 흔적을 보여 주다가 점점 다양한 표현을 거쳐 마침내 형체는 없어지고 단순한 색채로 구현되는 지점까지 왔다. 검은색과 강렬한 붉은 색으로 덧칠한 그림들로 전시작품의 배치가 마무리되어 있었다.

  소문난 잔치에 먹을 게 없다는 속담이 있다. 너무 기대가 컸던가. 그의 그림과 공감이 되지 않으니 머리는 무거워져 갔다. 역시 미술은 난해했다. 게다가 추상표현미술이 아닌가. 이해를 가로막는 벽이 너무 크게 느껴졌다. '로스코 채플방', 무덤 속에 들어가 있는 느낌을 주는 곳, 죽음에 대한 진지한 몰입을 통해 새로운 에너지와 위로받는 치유를 경험할 수 있다는 곳이라고 했다. 온통 검은 색의 어두운 그림 앞에서 자리를 깔고 지그시 눈을 감은 채 호흡을 골라 본다. 그림 속에 들어가고, 그림이 내게 온다는 마음으로 눈을 감아도, 소통되거나 연결되는 느낌이 들지 않았다. 다시 눈을 뜨고 검은 그림을 정면으로 응시해 보았다. 약간의 시간이 흘렀지만 여전히 휑한 느낌은 마찬가지였다.

  비극적 경험이 예술의 유일한 원천이라는 것을 증명이라도 하듯 자살하기 직전에 그렸다는 '레드' 앞에 섰다. 감상자가 울음을 터뜨렸다는 이야기로 유명세를 탄 그림이다. 온통 붉은 색칠로 덧칠해져 있다. 우리나라에서 붉은 색은 공포나 두려운 색깔로 선험적으로 인식되어 있다. '레드'를 본 순간 내면 깊은 울림을 통해 감동을 받았다니 의아한 생각이 들었다. 선입견인지 역시 아무리 응시해도 눈물은커녕 감흥이 일어나지 않는다. 미술 감상도 밑바닥에 있는 집단 무의식의 영향을 받는 것일까.

아니면 너무나 많은 내 안의 생각들이 충돌하여 그림 그 자체를 받아들일 수 없을 정도로 순수성을 상실했기 때문일까.

요란한 로스코 미술세계와의 첫 만남은 데면데면 끝났다. 아직 미술을 감상할 안목이 부족한 나에게 추상표현미술은 거대하고 난해한 벽이었다. 예술의 경지가 높으면 모든 형체는 해체되고 남는 것은 오로지 표현하기 위한 최소한의 선이나 색, 아니면 극도의 단순함일 게다. 절제를 뛰어넘는 단순함은 무슨 분야에서든 최고의 고수다. 아이러니하게 그림에 그렇게 많은 철학적 의미들을 담아낸 화가는 자살로 생을 마감하였다. 그의 일생과 그림이 대비되면서 로스코의 그림은 감상자들에게 어떤 울림으로 전달될 수 있을까. 그는 그림을 창조했지만 그림으로 표현된 자기의 뜻을 대중들이 알아주지 못하는 데서 좌절하였다고 한다. 그는 왜 보편적이고 평범한 심리상태로 돌아가지 못했을까.

삶의 밑바탕에는 본질적인 슬픔만이 있을까. 동양의 산수화나 문인화는 삶의 긍정적인 본질을 표현한다. 서양의 화가들은 자살로 생을 마감한 사람이 더러 있는 반면 동양의 화가들은 팍팍한 삶일지라도 현실에서 노닐다 갔다. 치열한 예술정신과 삶, 이 양자 사이에 조화될 수 있는 공간은 허용될 수 없을까. 그림을 통해 삶의 밑바닥에 있는 감정을 담는다는 점에서 마크 로스코는 오히려 동양적이라고 생각되지만, 그의 생에 대한 의지는 그렇지 못했다.

글로는 말을 다하지 못하고 말로는 그 뜻을 다하지 못한다는 말이 있다. 로스코는, '화가는 그림으로서 자기 뜻을 다하고 감상자는 그 뜻을 느낄 수 있다' 라고 말했다. 그림을 그리고자 하는 욕구는 그림을 그리기 전의 마음, 즉 본질적인 감정을 충실히 반영하여 그림으로 나타낼 수 있다는 뜻이다. 그림은 그림일 뿐이다. 보는 이의 마음이 열려 있지 않으면 그림을 보아도 그림과 나는 분리되어 그림이 주는 아우라를 느낄 수 없다. 결국 그림은 화가의 의도와는 무관하게 감상자의 몫으로 남을 것 같다. 머리가 복잡해졌다. 같이 본 친구는 저런 그림은 나도 그릴 수 있 겠다고 한다.

　복사된 레드 그림을 샀다. 지금은 그의 그림과 내 사이에 서로 공감하지 못하는 커다란 벽이 있지만, 세월의 어느 순간에 그의 붉은 덧칠이 가슴울림으로 다가올 인연을 기다려본다.

맹자를 만나다

가슴이 좁아졌다. 벽이라도 있는 듯 답답하다. 어딘가에 기대서 숨 한 번 크게 들이쉬고 싶다. 어느덧 중반을 넘긴 채 인생의 후반전을 맞고 있다. 지천명을 넘어 이순에 이르는 나이인데도 세상과 나는 점점 빗겨간다는 느낌이 든다. 앞날을 생각하면 가야 할 길은 안개가 낀 듯 흐릿하다. 한동안 오래된 사람과의 단절이 불쑥불쑥 찾아와 가슴을 먹먹하게 할 것 같다.

점점 죽음과 인생의 의미에 대해 이런 저런 생각을 떠올리게 된다. 하늘을 바라보기보다는 고개를 숙이는 일이 많아졌다. 삶 속에서 삶을 모르듯, 내 삶의 방향이 어디로 향해 가는지 알 수 없다. 오직 모를 뿐인 세상이라고 한다. 그럼에도 현실의 견고한 성을 깨뜨리는 울림이 내면에서 조그마한 파문도 일으키지 않은 채 일상에 묻히고 있다. 머리로만 알고 있기에 허허한 마음을 채우지 못한다. 그러기에 인생은 그 깊이와 넓이를 알 수 없는 강을 건너는 여행과 같다고 한 것인지. 인생은 수수께끼의 연속이다. 어떻게 태어난 존재인가. 억겁의 인연으로 태어난 존재가 세상을 살다가 사라져간다. 그냥 사는 게 당연한 듯 살아간다.

세월을 먹은 만큼 보고 들어 아는 것이 많아지면 생각의 크기도 그만큼 커져 넓게 볼 수 있을 텐데 그렇지 않은 것 같다. 점점 우물 안 개구리 같은 신세가 되어간다. 마음이 담기는 그릇은 작아지고 심사는 좁아져 어린애의 마음처럼 들쭉날쭉해진다. 주위를 둘러보면 나 혼자만의 특이한 현상은 아니다. 가끔씩 속에서 치밀어 올라오는 고독감은 가을이 떠나갈 즈음 가슴이 시리는 느낌과도 흡사하다. 이럴 때는 나라는 존재가 누구인가에 대해 의구심이 물밀 듯 밀려온다. 현실의 두꺼운 벽에 가로막혀 평범한 존재로 묻어둔 나라는 놈을 다시 세상으로 끌어내 자유로이 날게 하고 싶었다.

세상을 사는 일은 관계의 사다리를 오르는 것과 같다. 그런 단계마다 하고 싶은 말이 있어도 가슴속에 묻어두기도 하고, 듣고 싶지 않은 이야기도 들으면서 살 수밖에 없다.

오랜 역사의 흐름 속에서 권력자가 듣고 싶은 이야기를 말해주지 않고, 그들 앞에서 너무나 당당하게 자기 존재의 소리를 낸 사람이 있다. 그런 그를 사람들은 세상물정에 어두운 사람이라고 했다. 사회대격변의 시대, 중국 춘추전국시대의 사상가인 맹자의 이야기다. 그는 우리에게 시대적, 공간적으로는 꽤나 멀지만 친근한 인물이다. 맹모삼천 이야기도 있고. TV로 방송된 사극 '정도전'에서도 그의 정신이 은은히 배어 있었다. 주자학의 세상인 조선을 설계하였다고 할 수 있는 삼봉의 밑바탕엔 맹자의 민본정신이 깔려 있었다.

『맹자』라는 책은 송대 유학자들에 의해 그 가치를 인정받아 필수 공부과목인 사서에 편입된 책이다. 맹자는 그 당시 성행한 묵가와 도가 등

제자백가와 치열한 이념적 논쟁에서 공자를 살려 내는 것을 자신의 사명으로 삼았다. 그는 공자의 인仁 사상에 의義와 양기養氣라는 개념을 보탠 공로로 아성亞聖이라는 칭호를 받았다.

혼란하고 혼돈스럽다. 저성장, 고령화, 낮은 출산율, 취업난이 서로 맞물리면서 불안정이 시대의 화두로 되었다. 한 개인을 둘러싸고 있는 껍질은 너무나 강하기에 깨고 뛰쳐나가기가 녹록지 않다. 우리들은 현실의 무게에 낚여 점점 무기력해져 가고 있다. 세상이 자기와 빗나가는 것을 알면서도 호연지기로 자기의 신념을 전하고자 했던 맹자가 지금 살아 있다면, 그는 우리에게 숨을 한 번 크게 쉬고 어깨를 활짝 펴라고 말할 것이다. 맹자라는 책엔 논리가 다듬어져 있고 좁아질 대로 좁아진 필부의 가슴을 호탕하게 씻어내는 글이 많다. 대장부를 묘사한 그의 글은 읽는 것만으로 속이 시원해진다.

처음 맹자를 볼 때 그 부피의 방대함에 질려 혼자 공부하기엔 엄두가 나지 않았다. 뜻이 있으면 길이 열려지듯이, 참 묘하게 인연이 찾아온다. 퇴직을 앞두고 미래를 고민할 무렵 진주에서 근무하게 되었다. 참새가 방앗간을 찾듯 자연스럽게 향교의 문을 열고 들어갔다. 그곳에서는 맹자를 강의하고 있었다. 거의 이 년을 맹자의 뜻에 취하고 그의 꿈에 취했다. 처음엔 그를 돈키호테처럼 너무나 현실과 거리가 먼, 그냥 허풍만 잔뜩 낀 사람이라고 생각했다. 어느 날 문득 그가 대단한 사람이라는 생각이 들었다. 세상이란 무대에 자기의 이상을 펼치기 위하여 군주를 찾아갔어도 그의 내면은 권력이나 세상에 의해 좌우되지 않았고, 마주칠 결과에 번민하지 않았다. 현실의 벽에 갇혀 있는 나로서는, 그의 발자취를 따라간다는 것은 꿈도 꿔 볼 수 없는 노릇이었다.

어쨌든 그의 글은 말로 던져져 나에게로 들어왔다. 그의 말은 은은한 향내를 가진 매화의 향과 같았다. 인연만큼 있을 수 있었기에 맹자의 글이 메아리치는 향교를 떠나야 하는 시간이 찾아왔다. 홀로서기를 위한 공부가 시작되었다. 나이 탓인지 돌아서면 책은 책이고 나는 여전히 나였다. 원래 한문이라는 언어체계가 그렇듯 언어적 어려움이 장벽으로 놓여 있었다. 몇 번을 보고 보아도 맹자와 나의 거리는 좁혀지지 않았다. 그럼에도 그가 있는 방으로 가고 싶은 마음이 들었다. 아직은 그의 당堂을 겨우 쳐다보는 정도에 지나지 않는다. 시간이 가면 그의 이야기를 벗삼아 홀로 지낼 수 있는 힘이 조금 생길 수 있을 테다.

가까이 있거나 정들었던 사람과의 인연이 헤어짐이라는 숙명으로 다가오는 횟수가 점점 많아지고 있다. 만남보다 이별하는 일에 더 익숙한 나이임을 실감한다. 지구상에 남아 있는 여행의 시간이 세포의 텔로미어처럼 점점 짧아지고 있다는 사실 앞에 비애만 느낀다. 앞으로 갈수록 나란 존재는 한없이 왜소해지겠지만 무상하기에 영원할 수 있다는 역설의 깨달음도 얻는다. 어차피 우리는 갖가지 사연을 안고 여기에 왔지만, 다시 고향으로 돌아가야 하는 나그네에 지나지 않기에 말이다.

사방을 둘러보아도 온통 고만고만한 현실에서 거의 이 천 년을 훌쩍 뛰어 가슴 뜨거운 사나이와 대화할 수 있는 행운을 얻었다. 자신의 이상대로, 자기의 기준으로 당당하게 살다간 맹자라는 인물과의 만남을 통해 나도 이 힘든 세파를 살면서 좁아진 가슴을 펴고, 고개를 들고 살아갈 수 있는 힘을 조금이나마 얻은 보람이 있다.

유난히 춥고 긴 겨울의 끝을 알리는 봄비가 촉촉이 내리고 있다. 곧 봄의 시작을 알리는 매화가 필 것이다. 그 꽃은 겨울의 모진 한파를 이겨낸 기쁨의 표현이자, 봄이 왔으니 기지개를 켜라는 선언문이 아닐는지.

버킷 리스트에 하나를 넣다

우연한 질문을 받다

　벌써 가을이 성큼 내려앉았다. 나뭇잎만큼 많아진 생각들이 사소한 바람에도 우수수 떨어지는 낙엽처럼 나의 가슴 안으로 내려앉는다. 낙엽의 찰나, 무상과 생성의 간극을 진하게 느낄수록 어머니 대지에 한 발짝 다가가고 있음을 느낀다. 서리가 내리면 겨울이 다가옴을 아는 것처럼 나의 인생에도 찬바람이 불어온다. 육십갑자를 돌아서 처음 온 데로 되돌아가는 길의 여정에서는, 지나온 길에서 놓쳤던 나무와 바람의 미묘한 속삭임, 바다와 강의 은밀한 내음, 사람 사는 냄새와 문명의 고즈넉한 흔적을 느끼고 싶다.

　인생살이 처음 시작할 때 무슨 목적이 있었겠는가. 이렇게 살고 그렇게 떠나겠다는 선언문 같은 것을 작성한 적도 없었다. 그냥 살아가고 있으니 살아간다고 여겨왔다. 인생은 참으로 알 수 없는 신비를 담고 있다, 무심한 세월처럼 그저 내 소유라고 붙잡아두지 않으면 되는데, 가슴과 머리 사이의 빈틈으로 욕망의 파도가 묘하게 밀고 들어온다.

심신의 욕구가 점점 적어지는 나이에 무슨 욕심으로 하고 말 것이 있겠는가. 더더욱 하지 못해 미련으로 남아 서운할 게 있을까. 이 몸이란 옷을 벗기까지 생각하다가 마침내 한 생각이 끝나면 처음 생각이 일어나기 전의 그곳으로 돌아가면 그만이다. 인생은 재미와 걱정, 보람과 덧없음, 고독과 자유가 늘 부딪히는 경계선에서 아슬아슬하게 줄타기 하는 곡예와 같다. 돌이켜보면 삶은 관계 맺기 놀이였다. 가을은 관계에서 벗어나 내 속에 깊이 가라앉은 고독을 불러내 친구하기 좋은 계절이다.

불혹, 지천명의 나이를 넘어서 이순耳順에 이르렀는데도 삶은 더 오리무중이다. 물속에 있는 고기가 죽을 때까지 물을 모르는 채 살아가듯이 삶 속에서 삶은 영원히 모를 수밖에 없다. 이젠 타인이 던지는 말의 구속에서 조금은 자유로운 나이가 되었다. 삶의 뒤안길에서 힘든 마음을 알아주지 않아도 서운한 마음이 단풍처럼 빨갛게 물들지 않고, 부산한 관계를 벗어날 때 찾아오는 고독의 무게에 눌리지 않게 되었다. 아마 타인의 시선에서 자유로운 이는 자신의 내면에서 낙엽을 보는 사람일 듯싶다.

세상사에 묻혀 잊고 지냈던 문제가 살아나고 있었다. 매일 입는 옷차림이 달라졌고, 익숙하게 알던 사람들의 시선에도 온도 차이가 있음을 느꼈다. 전화를 받거나 전화를 거는 일도, 하루 중 시간을 구성하는 내용도 많이 달라졌다. 대신 책과 컴퓨터와 스마트폰이 만들어 낸 세상과 친숙해졌다. 책을 보기 위해 눈의 크기는 점점 작아졌고, 하늘보다 땅을 바라보는 횟수는 많아졌다. 어느 날 타인의 관점에 의해 규정되는 것이 아닌, 스스로 가치를 부여할 수 있는 일을 해봐야겠다는 생각이 들었다. 무엇을 먼저하고 뒤에 할 것인지보다는 시간의 종착역에서 하지 않으면 후

회할 일을 찾아보았다. 가장 자기다운 시도이기에 누가 알아주지 않아도, 주위에서 한심하다고 비웃어도, 난 괜찮아 하면서 할 수 있으면 그뿐인 일이었다.

어떤 자취를 보면서 찾아 나설까. 도처에서 켜지는 문명의 밝은 불빛은 내면의 여백조차 꿈꿀 수 없게 사유가 침잠되지 않는 욕망의 세상으로 안내하고 있었다. 나는 문명의 길을 따라 그냥 앞으로 나가기보다는 수많은 선인들의 사유가 숨 쉬고 있는 희미한 미래로 걸어가고 싶었다. 어쩌면 인생의 겨울로 가는 여행길에서 즐거운 동반자를 찾을 수 있을지도 모른다는 설렘까지, 덤으로 얻을 것 같은 희망을 꿈꾸었다.

내 속에 잠재되어 있는 욕망이 무엇인지 꺼내고 보니 시간의 덧없음을 넘어선 참 나를 찾는 것이었다. 다행히도 무수한 사람들이 이 땅의 고유의 정서에 불교, 유교, 도교 등의 씨앗을 뿌려놓아 사유의 밭은 기름졌다. 그곳에는 가없는 사람들의 생각과 저마다의 세계가 스며들어 있었다. 그것의 바탕을 이루는 근원을 찾아 되새김질하면서 걷는 것도 좋은 여행이 되리라.

젊은 날 진주의 책방에서 마주친 서양인이 하필 남명 선생을 아느냐 하는 질문을 던졌다. 외국인도 아는 이름을 모르고 있다는 계면쩍음이 동양고전에 대한 실낱같은 관심으로 쭉 이어지게 했다. 군대에서는 고참의 손에 이끌려 신앙의 문턱까지 안내되었지만 믿음에 이르는 전도의 보검이 너무 예리하고 차가움을 느꼈다. 나를 낳아 준 부모에, 또 그 위의 부모들은 어디에 계시느냐 하는 나의 단순한 질문은 인연을 끝내는 계기가 되고 말았다. 무엇보다 내가 나를 모르는데, 내가 알 수 있는 누군가가 있고, 나를 아는 누군가가 있다는 회의감도 한몫 거들었다.

앎과 기억해 내는 것의 차이를 반추해 보았다. 글이나 말로는 생각을 논리정연하게 표현할 수 있지만 대부분 그것은 기억되어 있는 정보의 배열에 불과하다. 욕을 하면 나쁘다는 것을 아는데도 운전하면서 불쑥 욕이 나오는 순간이 있다. 어쩌다 나오는 말이 아니라 욕이 나쁘다는 앎이 확실하지 않기 때문이라고 생각되었다. 휘황찬란한 세상사에 휩쓸려 있다 보니 안다는 것의 미명아래 내가 나를 속이고 있다는 생각마저 들었다. 옛날 농부처럼 계절의 조화에 순응하며 소박하게 살고 싶었다.

동양고전의 하나이면서 앎이라는 문제를 철저히 파헤쳐 몸을 닦는 체계를 수립한 대학에서는 앎의 단계로 성의—정심—격물—치지를 거쳐 수신—제가—치국—평천하를 말한다. 앎과 행동의 관계는 오랜 세월 동안 사유의 흐름에서 큰 논쟁거리의 하나였고, 지금도 여전히 현재진행형으로 살아있는 문제다.

매 순간 더불어 사는 삶 속에서 사람마다 일으키는 생각은 늘 부딪히면서 현실을 이루어 나간다. 인간이 만드는 인문人文의 세계는 글자 그대로 꾸미는 세상이다. 떠오르는 생각들을 꾸미지 않고 있는 그대로 표현한 가상의 인문세계는 참으로 기막힌 세상일 것이다. 인간관계는 그 마구잡이 생각들을 붙잡아 감춰두고 겉모습으로 위장하면서 거래하는 세상이다. 습관처럼 부유하는 내 생각을 바꾸어 보고 싶었다. 대인은 표변豹變이요 소인은 혁면革面이라는 말이 있다. 군자는 겨울을 맞아 범이 털을 바꾸듯 남들이 쳐다볼 정도로 크게 변하는데, 소인은 얼굴빛만 살짝 바꾼다는 비유다. 지나온 나이테를 되돌아보니 그동안 대인까지의 거리는 너무도 멀었고, 늘 소인에 가까웠음을 실감하였다.

사경공부의 길에 들어서다

숨 막힐 정도로 빠른 속도의 시대에 마음을 편안히 놓아두기가 어렵다. 갑갑하거나 까닭모를 허전함이 속에서 올라올 때 가끔 들르는 서점이 있다. 서가에 진열되어 있는 저 많은 책들은 누구와 인연을 맺어 읽혀질 것인지 늘 궁금했다. 친구란 힘들 때나 기쁠 때 함께 있는 녀석이다. 그런 점에서 책은 진정한 도반이다. 몇백 번을 읽어도 질리지 않고 여전히 생기를 품고 있는 책이 있다. 굳이 이름을 붙이면 고전이라 한다. 그 중 동양고전은 오랜 세월, 삶의 풍파를 함께 해온 탓인지 삶의 소소한 변화에 휩쓸리지 않게 살아갈 수 있는 지혜의 빛을 간직하고 있다. 지혜의 빛을 내 안으로 불러들여 내 중심으로 살아가고, 내 몫만큼 살아내고, 내면에서 나오는 소리에 귀를 기울여 뚜벅뚜벅 걸어가고 싶었다.

동양고전 중에서 사서와 주역, 노자, 금강경이 눈에 들어왔다. 사서공부는 경문에 주자가 해석한 사서집주를, 주역공부는 정자와 주자의 주석서인 주역전의를, 노자공부는 유불선의 관점에서 읽어보고 싶었다. 기술에도 원천기술이 중요하듯이 공부는 먼저 나만의 원천자료를 만들어야 한다. 컴퓨터를 이용하여 사경작업을 해보기로 하였다. 먼저 한자를 읽은 후 한글로 입력하고, 이를 하나하나 한자로 변환시키는 과정이었다. 생소한 일이기에 몇 년의 시간이 걸릴지 알 수 없어 막막하기만 했다.

『대학집주』는 경1장과 전10장으로 구성된 비교적 얇은 책이다. 주자가 죽기 직전까지 수정에 수정을 할 정도로 고심한 책이다. 자기를 밝혀 세상을 이끌어갈 리더가 읽어야 할 책이다. 『중용집주』는 33장으로 이루어져 있으며 유학의 심법을 밝힌 책이라 한다. 대학이나 중용은 글자 수가 많지 않아 비교적 수월하게 사경을 끝낼 수 있었다. 원문을 읽고 입력하면서 두 책이 가진 함의가 평범하지 않음을 느꼈다. 쉽게 읽힌다고 쉬운 책이 아니었다. 파고 들어갈 사유의 퇴적층은 깊고 넓었다.

논어집주는 얼핏 보면 단편적이지만 생소한 한자가 꽤 많은 편이다. 학이편부터 시작해서 요왈편까지 20장으로 구성되어 있다. 원문을 읽고, 해석하고, 입력하기까지 일 년 이상의 시간이 걸렸다. 거듭해서 읽을수록 깊이와 넓이가 느껴졌다. 때론 우리에게 익숙한 공자가 아닌 공자의 민낯을 마주하는 불편함도 있었지만, 삶을 헤쳐갈 수 있는 긍정과 지혜의 우물을 퍼낼 수 있을 것 같은 묘한 매력이 있었다.

『맹자집주』는 총 7편 14장으로 논어보다 양이 더 많다. 모르는 한자가 많았지만 읽을수록 문장이 깔끔하고 생동감이 있었다. 간혹 어려운 한자가 나와서 읽어내는 일이 힘들었지만 가슴을 적시는 주옥같은 어귀들이 많고 맹자의 기상까지 느껴져 사경하는 재미가 쏠쏠했다.

『주역전의』는 『논어집주』와 『맹자집주』를 합친 양과 거의 같다. 은유가 많고, 시대가 먼 괴리감에다가 어려운 한자까지 많아 진도가 나가지 않았다. 성취는 인내와 치열함의 산물임을 경험으로 안다. 육십사괘 중 하나의 괘를 입력시키는 데 삼일 정도 걸렸다. 육십사괘를 모두 끝내고 나서 주역의 날개인 십익전과 주자의 역설강령 등도 입력하였다. 거의 2년 이상 걸렸던 것 같았다. 주역공부는 진흙구덩이와 같아서 한 번 들어가면 빠져 나가겠다고 몸부림칠수록 잡아 가두는 오묘한 매력이 있다. 그 곳에 물을 채워 연꽃 한 송이를 피우고 싶은 욕망이 든다.

『노자(도덕경)』는 총 81장으로 구성되어 있다. 주석가마다 관점이 다르므로 통행본과 왕필의 주석, 도교계통의 용연자龍淵子의 총설, 주역적 관점으로 풀이한 보만재의 도덕지귀, 감산선사의 주해를 함께 입력하였다. 노자는 이름만큼이나 기묘한 책이라 판본도 제각각 조금씩 차이가 났다. 운문형식으로 은유와 상징이 많아 이해가 어려웠다. 읽어도 '책은 책, 나는 나'였다. 노자라는 책은 심산의 깊은 곳에 묻혀있다고 전해지고 있는 보물과도 같았다.

종착점에 도달했다. 가볍게 시작했던 공부가 차츰 목적이 되면서 마음이 무거워졌다, 경문은 글자가 커서 비교적 알아보기 쉬웠지만 집주는 글자가 작아서 보기가 쉽지 않았다. 작은 글씨를 읽고 입력하다 보면 눈은 뻑뻑하고 침침하였다. 손가락 관절까지 아프면서 온몸이 뒤틀렸다. 처음 시작할 때는 한자를 옥편으로 찾다보니 시간이 많이 걸렸지만 스마트폰 앱을 활용하니 효율이 높아졌다. 참 공부하기 좋은 세상에 태어났음에 고마운 마음이 절로 들었다.

사경을 끝냈다고 무엇이 달라졌을까. 사경은 사경이었다. 사경하는 데에 정신을 쏟다 보니 뜻을 살피고 넘어가기에는 시간이 턱없이 부족해 그냥 옮기는 것으로 만족했다. 이제부턴 마음의 눈으로 읽어보고 분석해서 앎을 체화하는 경지로 나아가고 싶다.

돌이켜보니 사경공부는 결국 나란 존재가 무엇이며, 어디서 와서 어디로 가느냐를 묻는 것이었다. 과학기술의 발달로 물리적 현상에 대한 의문점과 신비는 서서히 풀려가고 있지만, 인간이란 존재는 여전히 오리무중이다. 몇 천년의 오래된 사유의 퇴적층이 그 물음에 무슨 답을 줄 수 있을까. 시대가 변해도 사람들의 심리는 비슷하기에 오늘날에도 여전히 공명을 일으킬 수 있다고 생각된다. 사경을 하는 과정에서 주역의 '하늘은 스스로 돕는 자를 돕는다自天祐之'라는 말이 가슴속으로 깊숙이 파고 들어왔다. 자신을 믿고 나날을 충실하게 살아가는 것이 행복이 될 수 있다는 말이다. 일상에서 담담하게 산다는 게 심신 양 측면에서 많은 노력을 해야 도달할 수 있는 경지임을 알게 된 것은 공부하는 과정에서 걷어 올린 뜻밖의 수확이었다.

어떤 때는 읽고, 찾고, 사경하는 노력이 밑 빠진 독에 물 붓기와 같았다. 차라리 눈, 귀, 입이나 즐겁게 할 걸 하는 생각도 들었다. 많은 생각들이 꼬리를 물고 소용돌이를 일으켜 방해를 했지만 오히려 어렵기 때문에 더 해 보고 싶은 의지가 일어났다. 인생은 역시 순간순간 부딪히는 심리로 연결되어 있다. 매 순간 흔들리는 세상살이에서 마음을 비쳐주고 지켜가게 해주는 대상이 있다는 그 자체가 삶에 활력이 될 수 있음을 실감했다.

버킷에 처음으로 목록을 하나 등록하는 순간, 허망하거나 뿌듯한 마음은 일어나지 않았다. 단지 해야 될 일을 조금 했을 뿐, 해야 될 일이 더 많이 남았음을 알았다. 다음 버킷에 무엇을 담을 것인가. 이 하나로도 좋지만 비워지지 않는 마음은 뭔가를 또 찾아서 헤맬지도 모른다. 그게 무엇이든 하지 않는 것보다는 하는 편이 마음을 가볍게 할 수 있을 것 같다.

벌써 10월의 마지막 날이 다가왔다. 나무는 나뭇잎조차 붙잡아 둘 수 없다. 잎들은 때가 되니 미련 없이 떨어져 가버린다. 홀홀 흩어져 가버린 나뭇잎이 언젠가 이름 모를 나무의 거름이 되어 다시 태어나는 운명처럼 나의 버킷 리스트도 그랬으면.

02

인생의 여백에서
인연을 만나다

인연

도솔산, 이름의 의미가 왠지 평범하지 않다. 지도에서 흔히 볼 수 있는 산 이름이 아니다. 불교의 도솔천兜率天에서 이름이 유래되어서 그런지 산에 언제 올라가도 기운이 참 편안하게 느껴진다. 산이 높아도 이름에 신령스러움이 깃들지 않으면 명산의 위용이 부족한 듯 싶다. 도솔산은 낮아도 이름으로 봉황이 깃들만한 넉넉한 품새를 품고 있다. 또한 소리에서 소나무를 뜻하는 순수한 우리말인 솔이라는 글자가 들어가 있듯이 소나무가 참 많은 산이다. 봄바람이 마음을 이끄는 날, 도솔산에 오르면 소나무가 내품는 기운으로 마음이 절로 편안하여 그냥 산의 품 안에서 한없이 머물고 싶다.

정착할 곳을 찾아 부유하는 나를 도솔산이 불러들여 이 산언저리로 이사를 온 지도 이십여 년이 넘었다. 그동안 거의 주말마다 한 번 내지 두 번은 넉넉한 기운을 느끼러 산에 올라갔다. 어느해 부터인가 내려오는 길에 유달리 내 눈에 쏙 들어와 산을 내려가도 마음에 머물러 있는 소나무 한 그루가 있었다. 그렇게 크다고는 할 수 없지만 부근의 소나무 중에서는 유독 돋보였다. 산길을 오고 가면서 이 나무와 스치듯 눈으로 가끔 안부를 묻곤 했다.

그러던 어느 날 도솔산에 한 등산객의 실수로 산불이 제법 크게 났었다. 산불은 거의 이 나무 부근에서 가까스로 진화되었다. 주변의 소나무들은 대개 새까맣게 그을려졌고 결국 회복되지 못한 나무들은 몇 년 내에 차례로 베어지고 말았다. 그래서 그런지 늘 이 소나무가 대견하면서 애처로웠다. 오고 가면서 앞으로 잘 자라 주기를 바라는 마음으로 위로하듯이 소나무를 어루만져주곤 했었다.

어느 날이었다. 문득 이 소나무와 전생에 어떤 인연이 있었을 거라는 느낌이 들었다. 불현듯 나무에 이름을 지어 주어야겠다는 생각이 떠올랐다. 나는 나무에게 인사를 건넨 후 한 번 안아주고 살짝 등을 기댔다. "나무야 너도 이름을 가지면 좋겠지. 너는 어떤 이름이 좋니." 한참동안 서로 미동도 하지 않은 채 나무의 마음을 몸으로 느끼고 있었다. 그때 한 줄기 바람이 소나무를 스쳐 지나갔다. 나무도 숨을 죽이고 있었지만 나와 인연을 맺는 게 싫지 않은지 가지를 흔드는 듯했다.

소나무의 작은 흔들림이 내 마음을 흔들자, 영겁을 뛰어넘어온 화살처럼 나의 뇌리에 이름이 꽂혔다. '오랫동안 잘 살아라'는 뜻을 가진 이름이었다. 만송.

주말에 도솔산에 올라가기 위해 집을 나서면 초입부터 벌써 만송이라는 이름이 떠오른다. 당연히 하산 길에 마주하게 되는데 우린 둘만의 특별한 인사를 나눈다. "만송아 잘 지내냐" 하면서 살며시 다가가 만송을 안아주고 등을 기댄다. 만송의 기분과 속삭임을 호흡으로 느껴보기도 한다. 나의 지친 마음과 몸을 만송에 의탁하고 있으면 세파에 좁아지고 어두워진 나의 감정이 정화되는 듯하다. 서로 그렇게 만송의 무심과 나의 유심을 주고받는다. 지나가는 사람들이 이상한 눈빛으로 쳐다보기도 하고, 어떤 아이들은 "아저씨 뭐 하세요"라고 눈치 없는 질문을 한다. 나는 그저 빙그레 웃거나 침묵한다. 어쩌다가 도솔산에 못 가는 날이면 만송의 모습이 마음속에 어른거리기도 한다. 그럴 때는 '만송아 잘 지내고 있니' 하면서 독백의 인사를 바람에 실어 전한다.

한 주 동안 얽히고설킨 인간관계에서 지치고 힘든 일이 있으면 만송이 더욱더 나를 어루만져 준다는 기분이 든다. 그 순간은 참 따뜻하고 포근해지는 느낌이 뭉글뭉글 등을 타고 전달되어 온다. 말없는 나무한테도 이름을 지어주니 사람에게 느끼는 친밀한 감정이 오고감을 느낀다. 만송과 나는 전생에 어떤 인연이 있어서 현생에 이렇게 다시 만나게 되었을까. 혹시 서로 담 너머로 짝사랑하는 연인이었기에 이렇게나마 실컷 볼 수 있도록 맺어졌는지도 모를 일이다. 지금껏 내가 살고 있는 동네를 떠날 생각을 하지 않았던 이유는 아마도 도솔산과 만송의 존재로 더 그리 된 듯싶다.

만송은 언제나 그 자리에 있다. 내가 자주 보든 보지 아니하든, 다가오는 자의 마음 씀씀이를 조금도 의식하지 않고서 언제나 나를 반겨준다. 조그마한 집착도 없이 속마음을 들어주고 품어주는 친구이기도 하다. 나 혼자서 할 말을 마치고 떠나가도 늘 그대로 있다. 그냥 인연은 오면 오고, 가면 가는 줄 알게 해 준다. 그러고 보니 꼭 해탈한 도인을 닮았다. 나도 만송한테서 물이 들었는지 가서 보면 즐겁고 간혹 보지 않더라도 서운하지는 않다. 보고 싶어 일부러 찾아가지 않는다. 단지 도솔산에 오르면 먼저 생각난다. 만송과 나는 그러면서 인연에 집착하지 않는 공기 같고 물 같은 친구가 되어 가고 있다.

우린 사람과의 중층적 관계에서 살아야 하는 숙명을 안고 있다. 이런 사람관계의 얽힘 속에 자기의 가치를 지키기 위해서는 당연히 나를 중심으로 좋고 나쁜 것을 분별할 수 밖에 없다. 그러기에 사람과의 만남은 저마다 겉과 속이 다른 모습으로 위장한 채 서로의 심리적 거리를 재면서 늘 긴장하게 된다. 나는 만송과의 만남을 통해 대상을 분별하지 않는 덕을 느끼면서 인연의 머무름과 떠남의 이치를 조금씩 깨달아 간다.

지친 마음의 치유, 더 나아가 행복의 감각을 회복해야 하는 시대다. 나는 늘 그 자리에서 감정의 거친 물결을 묵묵히 받아주는 만송과의 만남을 통해 마음의 위안을 얻는다. 아무런 부담 없이 떠나가도 되기에 마음에 머무름이 없는 그 마음을 배운다. 일주일에 한 번 도솔산에 올라가서 만송의 모습만 보고와도 사람 사이에서 묵혀 놓았거나 한 주 동안 새로 생긴 마음의 때가 씻겨나가는 기분이 든다. 만송과 작별하고 산을 내려오는 발걸음은 새처럼 자유롭다.

세상은 늘 잘못된 만남으로 시끄럽다. 처음에 좋았던 인연이 점점 욕심 때문에 꼬이고 뒤틀리면 끝내 사회를 혼란스럽게 만드는 괴물과도 같은 존재로 변해 버린다. 그러고 보면 만송은 나에게 인연의 진정한 의미를 밝혀주는 어둠 속의 달빛과 같은 존재이다.

만송아 잘 지내고 오래 오래 살아라.
어디선가 한 줄기 산바람이 불어와 내 가슴에 살포시 안긴다.

부에 대한 짧은 생각

봄인가 싶더니 벌써 더위가 느껴진다. 계절의 변화는 선을 긋듯이 뚜렷이 구분되어 찾아오지 않는다. 언제 오나 안달하다 보면 어느덧 아침저녁에 이는 바람으로 그 자취를 드러내고 있다. 오월이 되면, 나무들은 옅은 색깔의 연초록 옷을 입고 있고, 곳곳에 피어 있는 꽃과 함께 어우러져 그냥 그대로 색채의 향연을 펼친다. 이런 대자연의 아낌없는 선물로 우리가 누릴 수 있는 행복이 얼마나 큰지 새삼 깊은 의미로 다가온다.

자연은 속살마저 이처럼 아낌없이 보여주고 내어 주는데, 사람은 본 만큼 느낀 만큼만 가질 수 있다. 누리는 즐거움은 내가 소유하고 있는 것에만 있지 않다. 살면서 부족하다고 여기는 까닭은 눈길이 끊임없이 외부로 달려가기 때문이다. 마음을 조금만 침잠시키면 계절마다 자연이 주는 은밀한 속삭임을 느낄 수 있다. 어쩌면 우리네 삶도 그럴 것이다. 삶의 바탕을 이루고 있는 소박한 일상을 애정 어린 시선으로 보면 우리를 자유롭게 하는 것은, 현실을 있는 그대로 받아들임에 있음을 느낀다.

물질적 욕망으로 가득찬 세상이다. 어느덧 회사에 들어간 지 30여 년이 넘었다. 앞으로 얼마나 더 다닐 수 있을지 모르지만 종착역은 나타났다. 옛날 선배들의 취중농담에 '봉급쟁이들은 자식들 교육시키고 나면 남는 거라곤 집 한 채, 승용차, 밥그릇이 고작이다'라는 말이 실감된다. 결국 부모에게서 물려받은 유산 없이 사회생활을 시작했던 사람은 요즘 흔히 말하는 흙수저의 원형이다. 벼룩은 뛰어야 벼룩인 것을 알기에, 내 한 몸, 내 가족 편한 걸로 안도하며 살아왔다. 주변의 또래들과 이야기를 나누다 보면 주된 관심사가 건강, 돈, 일이다. 그런데 삼박자를 모두 갖춘 사람은 거의 볼 수 없다. 돈만 해도, 돈 벌어야 한다고 말하지만 현실은 기대와는 사뭇 다른 듯하다.

돈에 대한 막연한 욕망을 넘어서 부자로 산다는 것이 무슨 의미일까. 부자가 되면 자유와 권력을 가지는 것 이상으로 일상에서 달라지는 점으로 무엇이 있을까.

우선 맛있는 음식을 찾아다니며 마음껏 먹을 수 있지만, 소화에 부담을 느끼니 비싼 음식에 그다지 흥미가 없어진다. 멋진 옷을 입겠지만, 다른 사람의 시선에 신경 쓸 일이 점점 없어지니 그저 편안한 옷이 최고다. 멋진 저택에서 살 수 있지만, 집을 관리하는 데 드는 비용에다가 신경 쓸 일이 많아 귀찮다는 생각이 든다. 외국여행을 자주 갈 수 있지만, 나이 들어가는 탓인지 굳이 열 몇 시간 비행기 타고 나가서 구경하고 싶은 마음이 점점 엷어져 간다. 골프를 마음껏 칠 수 있지만, 골프 치는 시간과 비용이 아깝고, 인맥관리의 피로도가 만만찮아 내키지 않는다. 무엇보다 자식들 결혼시킬 때 집을 사 줄 수 있지만, 대학 마칠 때까지 든 등록금을 빚으로 떠넘기지 아니한 것으로 역할은 다했다. 이처럼 부자가 되면 좋은 이유도 끝없이 있을 테고, 부자가 되지 않아도 좋을 핑계도 그만큼 많을 듯싶다.

결국, 부자란 나를 둘러싼 환경의 구속으로부터 벗어나 스스로 행복해지기 위한 과정에서 찾아오는 손님이 아니겠는가. 지금은 어쨌든 과거의 기억과 비교해 보면 물질적 가난은 벗어났다. 옛 시절을 기억해보면 뭐니 해도 궁핍한 생활이 먼저 떠오른다. 중학교 들어가기 전까지 하루 세끼를 먹을 수 없었다. 겨울에 나무하러 산에 갔어도 먹을 것이 부족해 소나무 속껍질을 씹거나 배추뿌리를 찾아서 먹기도 했다. 보리를 수확하기 직전, 춘궁기에는 굶거나 죽 한 그릇으로 허기진 배를 채웠던 기억이 생생하다. 겨우 중학교 들어갈 쯤에야 하루 세끼 밥을 먹을 수 있었던 것 같다.

한자 부富를 파자해 보면 집宀이 있고 한一 입口이 먹을 수 있는 땅田으로 이루어져 있다. 지금 한국이라는 땅에 태어나 밥을 못 먹거나 겨울에 따뜻한 옷이 없어 추위에 떠는 사람은 거의 없다. 그러니 우리나라에 있는 대부분의 사람은 부자가 아니겠는가. 결국 부자는 마음먹기에 달려있다. 부는 행복해지기 위한 과정에서 찾아오는 손님과도 같다.

행복을 돈과 욕망의 관계로 표현해보면 둘은 반비례 관계일 것이다. 돈이 많더라도 추구하는 욕망이 커지면 행복감은 올라가지 않고 오히려 욕망을 줄일수록 더 커지게 된다. 그럼에도 삶이 버거울 때 대부분 욕심을 비우라고 말을 하지만 그게 어디 말처럼 쉬운가. 오히려 물질의 추구보다 더 어려운 것이 마음 비우는 일임을 경험을 통해서 안다. 부자가 되는 길은 물질적 풍요를 추구하면서 물질이 주는 행복감에 빠지지 않고 마음을 다스려 욕망의 크기를 줄여나가야 되는 데에 있다. 그럴 때 찾아오는 부는 경제적 자립과 정서적 자존이 합일되는 지점에서 나타나는 선물일 테다. 나도 이제 부자가 되고 싶다. 주위의 시선에 의해 인정되는 부자가 아닌 물질적 구속으로부터 몸의 욕구를 줄일 수 있고, 타인과의 상대적 비교를 벗어나 심리적으로 자유로운 부자 말이다.

오월의 시작을 알리는 봄비가 아침부터 촉촉이 내린다. 오늘은 텃밭에 채소 씨를 뿌려야 한다. 종일 비가 오면 이 계획이 틀어진다. 농사란 한 때를 놓치면 다시 일 년을 기다려야 하는 일이고 보니 마음만 분주해진다. 하지만 농사일은 오늘 꼭 해야 되는 일은 거의 없다. 주말에만 일을 모아서 하다 보니 마음이 급한 모양이다.

처음 시골에 움을 낼 땐 좀 느긋해질 수 있을 거라고 생각했는데 겨우 텃밭 가꾸는 주제에 기다림의 미학은 어딘가로 사라지고 말았다. 농사란 처음 씨 뿌리고 난 후, 풀 뽑고, 물주고, 병충해와 싸우면서 자연의 조화를 기다려야 하는 일이다. 그냥 내버려 두어도 잘 되겠지 하는 느긋함이 필요하다.

아침 일찍 커피향과 함께 커피를 음미하면서 바깥의 새소리를 듣는다. 이미 밖에는 겨울의 한기를 이겨내고 꽃을 활짝 피워낸 철쭉나무가 싱그럽게 피어있다. 이 순간만큼 부유하거나 가난하거나 하는 상대적인 개념은 사라진다. 새삼 행복은 마음먹기에 달려 있다는 생각이 절로 든다.

이상한 친구들에게

인생에서 잊혀지지 않을 시간일 것 같네. 우리 친구들이 뿔뿔이 흩어진 후 처음으로 만나기로 한 날, 전국 각지에 흩어져 있던 친구들은 대전역 근방 태화장에 새가 둥지를 찾듯 모여들었지. 개인사정으로 못 오는 친구도 있었지만, 우리는 그 빈자리의 허전함을 화기애애한 분위기로 메웠었지. 경기도 양주에서 올라온 어떤 친구는 이렇게 말하더군. "대전까지 버스로 오는 데만 세 시간, 내가 왜 힘들게 가야 하는지 반문하면서도 올 수밖에 없었다고". 진주, 포항에서 올라온 친구도 비슷한 생각을 했겠지. 우리가 온 힘을 다해 시작부터 끝까지 함께 했던 일이 겨우 몇 년 지났을 뿐인데 벌써 그 많던 기억들이 추억이란 옷을 입고 망각의 강으로 가는 중이었지. 우리의 인생에서 짧지만 온 힘을 다한 그 추억을 두 번 다시 만들기가 쉽지 않음을 잘 알기에, 모두들 옛날 기억을 잠시 붙들고 싶어 했을 거란 생각이 든다네.

그날 우리는 가슴속에 담겨있는 이야기들을 막 겨울이 끝난 뒤에 내리는 봄비처럼 풀어냈었지. 사회를 보는 친구가 건배사를 해달라는 제의에 이런 말을 했던 것으로 기억나네. "오늘 이곳 식당에 붙어있는 환영

플래카드를 보니 지난 날 우리 구내식당에 걸려 있었던 'We can 2011.10 개항'이라는 글귀가 생각난다고. 우리는 부여된 과업을 무사히 마쳤지만 그 성취보다 더 소중한 열매는 함께 했던 동지애와 할 수 있다는 자신감일 거라고. 앞으로 우리가 어떤 길을 가더라도 그런 마음으로 살아가기를 희망한다고.

돌이켜 보면 참으로 힘든 시간이었지. 잠시 기억을 더듬어 보았네. 한 줄짜리 명령을 받은 다음 날 수도권쓰레기 매립지 내에 건설 예정인 현장사무소 부지에 갔었지. 차에서 내리는 순간 지독한 악취로 속에서 욱하고 올라오더군. 마치 저 옛날 온산공업단지 건설단으로 근무명령을 받고 처음 도착했을 때 받은 느낌과 같았었지. 이후에 벌어질 일들에 대한 예고편이라도 된 듯, 혹독한 추위에도 분초를 다투면서 번듯하게 사무실, 식당, 상황실과 이층 휴게실까지 갖춘 가설사무소를 만들었었지. 설날 이틀 전쯤이라고 생각해. 비가 촉촉이 오는 가운데 사무실 이사를 했지만 서로 얼굴을 찡그릴 여유도 없었지. 사무소 개소식은 그래도 인근의 지역주민, 국회의원, 지자체장들이 모여서 꽤 성대하게 치렀던 것으로 기억나네.

공사는 밤낮을 가리지 않고 이루어졌기에 달력에 표시된 빨간 날은 거의 쉬지 못했지. 지금까지 잊혀지지 않는 몇 가지 사건들이 떠오르네. 착공한 지 얼마 되지 않았을 때, 공사를 위해 새로 만든 인천-강화간 임시 해안지방도로 바로 옆에서 컨테이너 부두 기초공사를 하는 중이었지. 우리는 해수면보다 20m 아래까지 굴착하여 기초공사를 진행해야 하므로 도로 사면의 이상 상태를 감시하기 위해 순찰조를 24시간 운영하고 있었지. 며칠 동안 비가 내린 어느 날, 심야에 도로를 점검하는 순찰조가 만조로 늘어난 바닷물의 압력으로 한쪽 도로의 사면이 함몰되고 있다는 사실을 긴급하게 알려 주었지. 칠흑 같은 어두운 밤, 만조가 빨리 지나가기를 기다리면서 악전고투 끝에 새벽 무렵에야 응급조치를 마쳤지. 다음 날 바로 수도권쓰레기 매립지 내로 임시 우회도로를 만들기 위해, 우리를 피하고 있는 매립지공사 책임자를 수소문하여 밤늦게 병원 영안실까지 찾아가서 통사정 끝에 협의를 마친 일도 기억나네. 곧바로 이른 새벽부터 지역방송과 언론을 통해 교통통제를 알리는 한편, 곳곳마다 차량 유도시설을 설치하고 모범택시기사들의 도움을 받아 임시 교통대책을 별다른 혼란 없이 수습했었지.

한 달 정도 걸려 겨우 수습을 하고 공사도 정상 추진되어 숨 좀 돌리려고 했는데 또 사고가 일어났었지. 점심 먹는 중이었다고 기억나네. 인천터미널 현장 내에 있는 54만kv 송전선로 밑을 지날 때 반드시 준수해야 하는 이격거리를 대형 크레인 기사가 방심한 채 지나가다가 순식간에 스파크가 나면서 전선이 끊어졌고, 인근지역의 레미콘 공장, PC방과 몇 십만 가구에서 단전이 되었다고 말을 하더군. 그 짧은 시간에 어떻게 수습해야 하는가 하는 고민으로 나의 목덜미에서는 식은땀이 흘렀다네. 상부에 보고 없이 수습을 하자고 했고 용케도 운이 따라서 그 일은 드러나지 않게 잘 해결되었지. 그 사건 이후부터는 공사도 안정기에 접어들었지. 그러다가 중반전으로 갈쯤, 김포터미널 현장에서 전국적인 방송을 타는 큰 사건이 다시 터졌지. 어느 날 모 국회의원이 지하수 관정을 불법으로 처리했다는 주장과 함께 기자들을 잔뜩 데리고 점령군처럼 현장에 들이닥쳤지. 1,000동이 넘는 비닐하우스를 철거하는 과정에서 일부 관정이 폐공되지 않은 채 매몰된 사실이 나중에 확인되었지만 방송과 언론은 침소봉대하여 우리를 비도덕적인 집단이라고 호도했었지. 그

바람에 천리나 떨어진 진주에 있는 처갓집 식구들이 회사를 그만 두는 게 아니냐고 안부를 물어올 정도였다네. 나중 담당 차관이 현장에 왔을 때 "보도는 전국적으로 크게 되었지만 약 50만평에 달하는 공사현장을 관리하다 보면 놓치는 부분이 있을 수 있고, 이런 일로 현장직원들의 사기를 꺾지 않았으면 좋겠다"라는 말을 한 걸로 기억난다네. 어쨌든 사고 수습은 잘 되었고 우린 다시 심기일전하였던 것 같네.

그렇게 2년 동안 우리는 항만, 준설, 갑문, 단지조성, 74m 전망대를 가진 통합사무소를 만들었지. 무엇보다 우리가 뿌듯하게 생각하는 일은 공사기간 동안 단 한 건의 인명사고도 없었다는 사실이지. 거의 매일 수많은 장비와 네팔, 베트남, 필리핀에서 온 근로자를 포함해 거의 천명이나 되는 인력이 동원되는 공사 현장에서 인명사고가 없었다는 것은 우리들의 노력에 하늘이 감응했다고 밖에 달리 표현할 말이 없을 듯싶네. 어느 분이 현장에 와서 인명사고 여부를 묻기에 없었다고 말하니 아주 잘했다고 격려해 주면서 '디스커버리' 같은 잡지에 게재하면 좋겠다는 이야기를 했었지. 우린 그런 홍보조차 할 만한 시간적 여유가 없었지.

비가 오나 눈이 오나 밤낮으로 공사가 이루어졌고, 밤 10시가 넘어야 겨우 집으로 가는 고된 환경이었지만, 우린 할 수 있다는 신념과 열정 하나로 그 험난한 과정을 극복해 나갔었지. 경인항 개항에 앞서 처음으로 우리의 땀이 밴 인천터미널 갑문으로 배가 들어오던 날은 가슴속으로 벅찬 감동의 물결이 밀려왔었지. 그렇게 우리에게 주어진 과업을 성공적으로 마치고나니 우리 건설단은 사라질 운명이었지. 나는 퇴직이 얼마 남지 않았던 터라 좀 조용한 곳에서 정리하는 시간을 갖길 원했었지. 그곳을 떠나 새로 부임 받은 부서는 근무 분위기가 아주 많이 달랐다네. 시간이 흐른 후 곰곰이 생각해 보니 우리가 참 이상한 친구들이었고, 그 이유는 바로 이루어내고야 말겠다는 열정이 친구들을 그렇게 만들었다고 생각된다네.

친구들, 우리에게 주어진 그 일은, 무슨 보상을 바라서라기보다 그 자리에 있었기에 해냈다고 생각들어. 우리는 열정, 도전정신, 동료애, 자신감으로 맡겨진 힘든 일을 제때 이루어냈었지. 친구들은 이런 경험을 잘 살려 나중에 더 큰 일을 할 수 거라고 생각해. 가끔씩 언론을 통해 보도되는 소식을 보면서 친구들에게 이런 말을 미리 전해 주고 싶네.
언젠가 뱃길이 소통될 때 우리의 열정과 땀이 숨어 있는 현장에서 다시 만나기를. 그때 저마다의 가슴 속에 묻어둔 숱한 사연들을 안주삼아 김포에서 서해로 뱃놀이 한 번 해봄세.

상사화, 만남과 이별의 꽃

일편단심. 처음 그 꽃의 이름을 듣는 순간 떠오르는 단어였다. 대전에서 자동차로 세 시간의 긴 여행 끝에 도착한 영광 불갑사였다. 들어가는 길옆에는 이미 붉은 상사화가 지천으로 피어 있었다. 온몸으로 가슴에 맺힌 서러움을 토해내듯 붉디붉은 빛의 외침이었다. 한 송이 꽃으로 피워내지 않았다. 꽃무리를 이루고서, 저마다 가슴에서 절절 끓어대는 애절함을 기쁨으로 승화시킨 빛의 향연이었다.

꽃은 단지 꽃일 뿐인데도 사람에게로 다가오면 아주 특별해진다. 인간은 세상살이에서 마주할 수밖에 없는 기쁨, 슬픔, 외로움, 애절함 등의 감정을 꽃에 빗대어 곧잘 표현하였다. 감정 중에서, 만남과 이별의 순간만큼 가슴속에서부터 진하게 우러나오는 감정은 없을 것이다. 사랑의 은밀한 시간이 끝난 후에 감당해야 하는 이별이란 감정을 가장 잘 나타내 주는 꽃으로 동백꽃, 벚꽃, 상사화가 떠오른다.

동백꽃은 겨울의 긴 추위를 묵묵히 견디며 봄이 오기 직전에 피어난다. 푸른 잎과 함께 피어난 선홍빛 꽃은 단아하다. 붉은 꽃이 질 때는, 떠날 때를 아는 연인이 마지막 감정을 툭하고 내려놓듯이 꽃을 통째로 떨어뜨려 버린다. 미련 하나 남아있지 않는 순수함의 사랑이 보내는 이별의 모습이다. 성숙한 사랑의 끝에서 오는 애절한 이별의 아픔을 보는 듯하다.

벚꽃은 봄이 오는 길목에서 잎도 나기 전에 화려한 자태를 뽐내다가 바람과 함께 순식간에 그 아름다운 모습을 흩어 버린다. 청춘남녀의 애끓는 사랑처럼 극적이다. 짧지만 강렬했던 첫사랑이 그러하듯 어쩔 수 없는 이별의 아픔을 온몸으로 풀어내는 몸짓이다. 모든 미련을 던져버리듯 이별의 순간을 무상함으로 나타낸다.

상사화는 이별의 순간이 없다. 슬픈 감정을 날려 보내지도 아니하고 무정하게 떨구지도 않는다. 애끓는 연모의 정을 가슴속에 꼭꼭 감춰놓고 부둥켜안는다. 소용돌이치는 감정을 붉게 펼쳐놓을 뿐이다. 그 마음은 오로지 임을 향한 마음이기에 속은 타들어가도 소리를 내지 않는다. 분리의 고통에서 벗어나는 길은 오직 사라짐이다.

상사화는 가을의 서늘한 기운을 맞이하는 시기에 슬픔이 내재된 아름다움을 선사하고 서서히 사라진다. 사람의 뜨거운 감정과 이별의 애환을 이 꽃만큼 담담하게 잘 나타내주는 꽃이 있기라도 한 걸까. 중년의 표현하지 못하는 사랑의 감정을 말해 주는 듯싶다.

몇 년 전 봄이 오기 직전이었다. 우연히 영광 불갑사에 놀러갔었다. 불갑사라는 이름에서 이곳이 우리 땅에 불교가 최초로 도래한 곳임을 짐작할 수 있었다. 상사화로 유명한 사찰인 줄은 몰랐고, 상사화라는 꽃의 이름도 몰랐다. 상사화라는 꽃을 한 번도 보지 못했지만 왠지 이름에서 느껴지는 여운이 내 가슴으로 파고 들어왔다. 활짝 피어있는 꽃을 보고 싶었다. 상사화의 고장임을 자랑하듯 군락지는 꽤나 넓었다. 다음에 꽃이 피면 이 꽃의 자태를 보러 오자고 아내에게 말했다. 몇 해가 지나갔고, 이번 가을에 기어이 만개한 꽃을 보러 가게 되었다.

불갑사 들어가는 초입은 온통 상사화가 품어대는 붉은 빛으로 물들어 있었다. 꽃의 향연은 아름다웠다. 상사화를 보기 위해서 전국 각지에서 꽃무리만큼 많은 사람이 몰려왔다. 다들 꽃이 던지는 아름다움에 취해, 눈에 넣고 사진으로 담아가기 바쁜 모습이었다. 상사화의 애틋한 느낌을 몇 명이라도 느끼고 갈까. 너무나도 만남과 이별이 흔한 지금, 감정의 주름이 접히고 펼쳐지는 과정에서 일어나는 이별의 긴 여운을 느끼기에는 우리의 살아가는 속도가 너무 빠른 것은 아닐까.

이렇게 깨끗하게 피어나는 꽃이 있기라도 할까. 잎을 모두 떨구고 단지 긴 꽃대 하나에 꽃 한 송이가 달려 있다. 그 꽃은 해를 닮은 듯, 공작을 닮기라도 한 듯, 꽃을 펼쳐 보이는 모습이 너무나 도도하다. 상사화의 잎과 꽃은 영원히 만날 수 없다고 한다. 이승에서 만났다 헤어지는 것이 너무나 당연하지만 어떤 사랑은 끝내 살아서는 더 이상의 만남을 이어갈 수 없는 인연으로 되고 만다. 그 이별의 숭고함은 침묵밖에 없다. 마음속에 담겨 있는 이별의 한이 아무리 깊어도 눈물 한 방울 흘리지 않은 채 인연의 강에 맡기고 떠나갈 수밖에 없다. 상사화는 인연의 때가 다 되었음을 알지만 고고하게 버텨낸다.

상사화는 먼 발치에 있는 겨울이 기지개를 켜면서 찬 바람이 조금씩 일렁거리고 들판의 온갖 잡초들이 힘을 잃을 때 그 모습을 드러낸다. 사람들의 가슴에 찬바람이 조금씩 스며들기 시작할 때다. 중년을 넘긴 사람의 가슴 한 구석에 빈틈이 듬성듬성 생겨나고 있을 무렵이다. 상사화는 그렇게 내 가슴에 파고 들어와 자그마한 생채기를 내었다.

인생이란 만나고, 머무르고, 이별의 연속이다. 만남과 이별의 의미를 다시 생각해 보게 되었다. 지금까지 내게 다가온 인연 중에서 떠남을 미리 준비하고 있었던 적은 없었다. 다만 만남의 순간에 이별이 같이 하고 있음을 알기에, 어느 순간 불쑥 찾아올 이별이 아픔으로 머물지 않도록 감정을 무디게 만드는 연습을 하고 있었을지도 모른다. 내 마음속에 애틋하고 슬픈 감정의 주름이 있다면 상사화가 피었다가 지고 만 자리일 게다.

곧 깊어 가는 가을과 함께 찬바람이 불어올 것이다. 불갑사 상사화는 내 마음에 만남과 이별의 의미를 던져주었다. 이별은 새로운 만남을 잉태하고 만남은 이별을 품고 있기에, 만남이 이별이고 이별이 만남이 되는 것임을.

인생의 오후

　어느 날 새벽, 불현듯 잠자리에서 일어나게 되었다. 순간 그림자처럼 자리에 앉아 있는 또 하나의 나를 떠올리게 되었다. 어둠 속에 우두커니 홀로 있는 외로운 노인의 환영이었다. 세상 모든 사람들이 그렇게 되는 숙명임에도 처음으로 인생의 오후를 향해 가고 있다는 느낌이 너무나 생생하게 다가왔다.

　좀 더 나이가 들어 육체와 정신의 기능이 쇠약해질 때 어떤 희망으로 살아갈 수 있을까. 중년의 끝자락에 이르러, 앞으로 마주하게 될 외롭고, 늙고, 병들고, 죽음에 이르는 과정이 먼 훗날의 일이 아님을 자각하게 되었다. 아직 때 이른 생각일지 모르지만 시간의 무게에 짓눌려 육체는 어쩔 수 없이 허물어지더라도 정신만은 성성한 상태로 버텨내고 싶다. 삶과 죽음의 경계선에서 아슬아슬하게 살아가면서도 늘 어떻게 삶을 이끌어갈까 골몰하다가 처음으로 삶 이면의 어두운 그림자를 힐끗 보게 된 계기였다.

　나이가 들어감은 몸의 사소한 변화에서부터 나타나고 있다. 몸의 불수의근이야 세월 따라 변해가니 어쩔 수 없다 하더라도 문제는 수의근이 내 뜻대로 되지 않는다는 점이다. 내게는 눈에서 두드러지게 세월의 흔적이 나타난다. 조금만 오래 책을 보고 있으면 눈이 뻑뻑해지고 시야가 흐려진다. 오후쯤 되면 책을 보기가 싫을 정도다. 고관절은 옆으로 벌어지는 각도가 줄어들었고, 서서 몸을 아래로 굽히면 팔은 땅에서 점점 멀어지고 있다. 모두 조금씩 몸이 굳으면서 신체 활동영역이 줄어들고 있다는 증거다. 무엇보다 나이를 먹어 간다는 가장 큰 변화는 식욕과 색욕에서 나타난다. 동물인 이상 식욕과 색욕은 생의 끝까지 가는 큰 욕구일 텐데 점점 줄어들고 있어 간혹 걱정스러울 때도 있다.

몸의 자율신경이 감소되어 가는 현상과 비례해 마음까지 나이를 의식해 스스로 한계를 그어버리는 일도 많다. 아직은 그럭저럭 특별히 아픈 데가 없지만 건강이란 게 인과와 우연의 시소게임인 듯해 몸에 병 없기를 바라는 마음이 욕심이라는 걸 이해가 되기도 한다.

그동안 나이를 의식하기 전에는 이것저것 해보고 싶은 일들이 많았다. 어느 해부터 마음은 그렇지 않은데 사소한 일상의 움직임에서 미묘한 변화가 느껴졌다. 주차할 때 한 번에 똑바로 하지 못해 몇 번이나 앞뒤로 왔다 갔다 한다. 새로운 전자기기의 사용법을 익히려고 해도 사용설명서의 글자가 너무 작아 미리부터 겁을 먹는다. 옛말에 "나이 들어 머리에는 나라를 다스릴 온갖 방책이 가득하지만 집을 나서면 넘어질까 두려워 전전긍긍한다"는 말이 있다. 절로 고개가 끄덕여진다. 역시 세상은 젊음에서 나오는 생각의 넓이와 크기로 판을 벌려서 행동하고 변화시켜 가는 무대이지, 나이의 숫자로 할 수 있는 무대가 아님을 점점 실감한다.

사람을 만나는 폭이 좁아진다. 굳이 사람과의 관계에서 오는 갈등을 만들고 싶지 않고 만남에서 오는 생각의 불일치를 해결하려고 시간을 낭비하고 싶지 않다. 이런 생각에 스스로 인연의 울타리를 긋는다. 영화나 드라마를 보더라도 과도한 액션영화나 스릴러, 지나치게 감정을 뒤흔드는 멜로물은 보고 싶지 않다. 노래도 클래식이 좋아지기도 하고 잔잔한 멜로디가 좋다. 가끔 7080 노래를 들으면 답답한 가슴이 풀어질 때도 있다.

나이를 먹어 좋은 점은 세상을 좀 초연하게 볼 수 있게 되었다는 것이다. 세상이 아무리 혼란스러워도 인생이 원래 그런 것이고 지은 대로 받는 무대임을 안다. 비바람이 무섭게 몰아치더라도 조만간 그칠 현상임을 알기에 하늘을 탓하지 않는다. 뉴스를 보는 중에 기막힌 불행을 당한 사람들의 절망감에 가슴 아파하면서도 이내 소소한 일상으로 관심을 옮긴다. 호기심은 사소한 데로 옮겨간다. 위로만 쳐다보지 않게 되니 주변에서 쉽게 보는 것들에서 쏠쏠한 재미를 찾기도 한다. 예전에 누리지 못했던 행복이다.

어느 날 혼자서 길을 걷다가 문득 느껴지는 커피 향기, 우연히 코끝을 스치는 꽃향기, 조그마한 실개천 위에서 노는 오리 떼들, 산 위에서 보는 낙조, 구름 사이로 비쳐지는 달, 길가에 말없이 피어있는 이름 모를 꽃. 이처럼 예전에는 감정을 주고받지 않았던 사물들이, 새롭게 살아나는 나의 감성의 그물 안에 낚인다.

나이가 들어가면서 육체의 근육은 줄어들지만 감정을 조절하는 정신적 근육은 더 단단해지고 있다는 느낌을 받는다. 몰입하거나 간절한 열망이 줄어드는 만큼 관조의 힘이 생겨나 사람관계에서 부딪히는 마음을 내려놓기가 쉽다. 세상을 살아감에 생기는 문제는 결국 감정의 문제다. 누군가는 감정을 무지개 빛깔처럼 구분하여 희로애락애오욕喜怒哀樂愛惡欲이라는 일곱 가지 색깔로 구분했다. 결국 삶이란 이 감정들이 시계추와 같이 왔다 갔다 하면서 정지해가는 모습이 아니겠는가. 어느 때부터인가 칠정의 소용돌이에서 벗어나지는 못했지만 감정에 매몰되는 시간과 횟수가 짧아져 간다고 느껴졌다.

 사람들과 만나고 헤어짐도 담담히 받아들인다. 만남과 떠남의 의미를 가볍게 생각해서가 아니라, 앞으로 남은 시간의 잔고가 많지 않다는 사실을 알기에 굳이 힘든 감정을 가진 채 살아가고 싶지 않기 때문이다. 오는 사람은 맞이하고, 가는 사람은 잡으려고 하지 않는다. 그냥 때가 되었으니 나도 가고 너도 떠나가는 거구나 라고 받아들인다. 인연이 끝났을 때 밀려오는 비애나 후회가 없어서가 아니라 삭혀서 버리는 연습이 인생이란 걸 알기에 그렇다.

 나는 지금까지 살아오면서 밥값을 했을까. 내가 가진 거라곤 화석 같은 경험과 몇 조각의 지식에 지나지 않을지 모른다. 내가 할 수 있고 나에게 의미를 주는 일이라면, 어두운 밤하늘에 순간 빛이 났다가 사라지는 반딧불이면 어떠한가. 그런 인연을 만나지 못하게 될지라도 자신을 방종하지 않는 사람으로 기억되고 싶다.

 어느 날 인생의 오후가 끝나고 저녁이 되어 옷을 벗으라는 신호가 올 것이다. 그때가 언제이든 오롯한 정신으로 담담하게 인생의 오후를 맞이하고 싶다.

내 몸과 소통하기

곧 설날이란 생각에 초보 농사꾼의 마음만 바빠졌다. 지난해 심은 아로니아 나무에 퇴비를 흙에 섞어 북돋아 주는 작업을 서둘러 시작했다. 맹추위는 물러갔지만 아직도 겨울이 힘겹게 제 자리를 지키고 있었다. 날씨가 꽤나 쌀쌀했기에 다소 거추장스러웠지만 좀 두꺼운 옷을 입고 일을 했다. 땀이 날만 하면 옷을 벗었다가 추우면 다시 입기를 반복한 탓인지, 몸이 좀 추워진다는 느낌이 들었다. 하지만 일을 마저 끝내야 했기에 몸이 보내는 신호를 무시했다.

욕심에 따른 대가를 밤부터 심하게 치르기 시작했다. 온몸에서 고열이 나고, 팔다리는 축 늘어지면서 근육이 아프기 시작했다. 특히 배 쪽은 콕콕 아리고 쑤셨다. 유행하고 있는 독감의 특징이라고 했다. 독감이 아주 독해서 병원에 가서 약 먹고 주사 맞아도 보름 이상 생고생했다는 소문만 무성했다. 빨리 병원에 가라는 아내의 성화를 미안함으로 거절한 채, 독감 정도로 약을 먹지 않겠다고 스스로에게 다짐했다. 내 몸의 치유기능을 믿고 몸이라는 자연에 맡겨 독감을 다스려 보기로 했다. 결국 설날 연휴 내내 열이 오르고, 거의 먹지 못하여 몸무게가 몇 킬로그램

빠지고 말았다. 하지만 이상하게도 내 몸은 점차 회복되기 시작했다. 그 일을 계기로 몸을 둘러싼 환경과 소통하면서 몸이 미리 알려주는 신호를 귀담아 듣고 싶었다.

나이가 들수록 질병은 수시로 내 몸의 어딘가를 두드려 틈을 엿볼 것이다. 나는 몸과 잘 소통하여 병들기 전에 내 몸에서 일어나는 신호를 먼저 알아차려서 병이 발생되기 전에 치유하는 길로 가고 싶다.

몸이라는 생명현상은 신비롭다. 신체의 오장육부는 장부마다 고유의 특성으로 몸이라는 유기적 시스템에 참여하고 있기에 이들 간의 소통은 몸의 건강을 유지하는 데 아주 중요하다. 몸에 아픔의 문제가 발생하였을 때 결과로 나타난 통증보다는 몸 안의 장기들 간에 서로 주고받는 신호를 느껴보는 일이 더 중요하다고 생각된다. 그런데도 막상 감기 등으로 병원에 가면 몇 분도 안 걸려 진단과 처방을 받는다. 원인파악을 통한 전체적인 기능회복이 아닌, 결과를 보고 증상이나 질병이라는 국소적인 문제로 단순화시켜 대증치료를 한다는 생각이 들었다. 병원에 갈 때마다 근원적인 치유로 나아가지 못한다는 느낌이 늘 진한 아쉬움으로 다가왔다. 자연히 특별히 심한 경우가 아니면 병원에 가려는 마음이 들지 않았다.

물질인 육체와 정신인 마음은 잠시도 머물러 있지 아니하고 끊임없이 흘러가는 강물과도 같다. 그러기에 어느 고정된 하나의 원인만이 병의 발생 원인으로 귀착되지 않는다. 병원에 갈 때마다 증상에 대처하는 처방만을 내려주는 현실이 어쩌면 병의 근본적인 발생 과정을 모르는 의학의 한계일 수도 있겠다는 생각이 조심스럽게 들었다. 물론 현대의학은 분자생물학 등의 성과에 힘입어 몸의 미세한 구조를 이해하고 유전자 내지 세포 차원에서 질병을 치료하는 수준으로까지 발전하고 있다. 암이나 만성질환을 치료하는 신약도 끊임없이 개발하고 있다. 최근에는 엄청난 의료데이터의 상호연결 고리를 파악하여 치료방법을 제시하는 인공지능까지 도입되고 있는 현실이다. 그럼에도 우리가 더욱 건강해질 거란 느낌은 솔직히 들지 않는다. 그동안 의학기술의 놀라운 성취에도 불구하고, 우리 주변에서는 비만, 당뇨병, 고혈압과 같은 순환계 증상을 가진 만성질환자, 암이나 치매를 겪고 있는 환자의 수는 계속 증가하고 있다. 이제는 듣도 보도 못한 바이러스에 의한 새로운 질병도 계속 생겨나고 있다. 의료기술의 화려한 성취에 가려진 어두운 현실을 어떻게 받아들여야 되는지 참 혼란스러울 때가 있다.

　동양의 전통적인 의학은 기氣를 매개로 한 순환체계로 몸을 해석한다. 장부간, 장부와 심리, 몸과 환경과의 상호작용을 고려하는 의학체계이다. 그동안 질병예방이나 치유라는 측면에서는 숱하게 경험한 지식이 쌓여 있기에 여전히 유용한 기능을 할 수 있을 것 같다.

　동양의학적인 관점에서 병의 뿌리는 몸 어딘가에서 기혈氣血의 흐름이 원활하지 못해 자연치유력이 제대로 발휘되지 못한 데에 있다고 본다. 그러기에 기혈순환만 잘 되게 하면 건강한 몸을 유지할 수 있다는 의료원리를 정립했다. 기혈순환의 기본원리는 수승화강水乘火降의 순환체계가 잘 돌아가게 하는 데 있다고 생각한다. 몸의 컨디션이 나빠서 목욕탕에 가서 반신욕을 할 때면, 건강할 때와 달리 이상하게 땀이 잘 나지 않았다. 어느 순간 막혀있는 곳이 풀린다는 느낌과 함께 땀이 배시시 나기 시작하면 비로소 몸이 가벼워짐을 느꼈다.

동의보감이나 황제내경에서는 병의 다스림이란 먼저 발병 전의 다스림을 말하고 있다. 예방의 중요성을 말해 주는 의미로 해석된다. 요즘 우리 사회에 유행하는 힐링도 결국 마음을 가라앉혀 호흡을 주시하거나 심신을 이완시켜 약해진 자연치유력을 회복하는 방법이므로 전통적인 한의학원리와 연관이 매우 깊을 테다.

혼란스럽다. 시대의 소용돌이 속에서 마음의 평정심을 유지하는 일은 참 어렵다. 외부환경에 의한 스트레스에 심하게 노출되어 있기에 잠시만 방심하면 감정의 흐름이 홍수처럼 세차게 밀고 들어와 몸에 갖가지 좋지 않는 영향을 주는 듯싶다. 이런 환경에서 건강한 몸을 갖기 위해서는 머리로 건강정보를 이해하기보다 매일 자신이 할 수 있는 만큼 몸을 둘러싼 환경과 소통하는 노력이 필요하다. 현실의 부딪힘에서 한 발짝 물러나 일상에서 호흡하는 공기의 질, 몸의 자세, 음식습관에 조그만 주의를 기울여도, 몸의 항상성은 유지될 수 있지 않을까.

성난 말처럼 내달리는 욕망을 절제하여 마음의 불을 끄고, 몸을 적절히 움직여야 심신의 조화를 이룰 수 있다. 심신이 환경과 조화를 잘 이룰 때 보다 자유롭게 인생을 살 수 있다. 나는 죽음에 임할 때까지 농사를 통해 자연과 소통하면서 건강한 몸과 정신 상태를 유지하고 있는 시골의 장수 노인을 보면서 그 가능성을 내 몸에서도 시험해 보고 싶다.

한 살 한 살 나이가 들어갈수록 이상하게도 마음은 더 위축되고 자꾸만 닫힌다. 마음이 닫히는 만큼 내 몸과 마음은 소통되지 못해 활동반경도 줄어들고 몸도 퇴화되어 간다. 세월의 무게야 어쩔 수 없겠지만 몸과 마음을 소통시켜 가볍게 하는 것은 온전히 내 몫으로 남았다.

음식은 저마다의 추억을 담고

어딘가에서 어릴 적 추억을 불러내는 음식냄새가 아침 출근길에 풍겨 왔다. 저마다 살아온 환경이 다르듯 선호하는 음식도 사람마다 참 다르다. 나의 경우 맛을 탐하지는 않지만 싫어하는 입맛은 있다. 느끼함, 비릿함은 제법 꺼려지는 맛이다. 더군다나 몇 가지 가리는 재료가 있어 까다로운 식성이지 싶다. 이처럼 음식에 대한 취향은 사람마다 다르므로 메뉴를 고를 때 꽤나 세심한 배려가 필요하다. 내가 좋아한다고 남도 좋아하기를 바랄 수는 없기에 말이다.

지금은 많이 달라졌지만 얼마 전만 해도 회식문화는 대부분 직장상사가 좋아하는 메뉴로 정해졌다. 이십 몇 년 전 일이다. 부서를 옮겼는데 상사가 전입을 축하하기 위해 저녁을 사 준다고 했다. 음식점 이름을 듣는 순간, 스치듯 불길한 느낌이 들었다. 정말 무슨 핑계를 대서라도 가고 싶지 않았지만 갈 수밖에 없는 그 시절의 분위기였다. 두근거리는 가슴으로 식당 문을 열고 들어가니, 바로 옆 수돗가에 불에 그을린 개 한 마리가 떡 하니 놓여 있었다. 마음을 진정시키고 방에 들어가니 다들 메뉴를 고르는 중이었다. 나는 조용히 자리에 앉았다. 그제야 내 눈치를 읽은 상사는 선심 쓰듯 메뉴선택의 기회를 주었다. 눈치를 무릅쓰고 삼계탕을 주문했다. 역겨운 냄새를 술기운으로 이겨 보고자 술만 열심히 먹었던 기억이 떠오른다.

다양성보다는 획일성이 요구되던 옛날에는 음식 때문에 난처한 경우가 많았다. 지금은 모임 문화가 많이 바뀌었다. 자연히 음식메뉴를 고를 때 허비되는 스트레스는 점점 없어졌지만, 아직도 난처하게 하는 경우가 없지는 않다.

어릴 적부터 돼지고기를 먹지 않았다. 특히 국민음식인 삼겹살은 지금도 딱 질색이다. 여기에는 꽤나 깊은 아픔이 묻어있다. 옛날 초등학교 시절 고향에는 진주와 삼천포를 오가며 하루에 한두 번 운행하는 열차가 있었다. 더운 여름날, 저녁이 되면 선로가 시원하여 이를 베개삼아 자는 사람이 더러 있었다. 물론 얕은 잠을 자기에 몇 킬로미터 전방에서 달려오는 열차의 진동을 충분히 감지할 수 있었다. 아주 드물게 술에 취해서 자다가 깨어나지 못하는 경우가 더러 발생했다. 그날도 그런 사고가 있었는데 읍내에서는 제법 큰 뉴스거리였다.

소문을 듣고 또래 친구들과 함께 사고현장을 보러갔다. 덮어놓은 거적 주위로 사람들이 웅성거리며 많이 모여 있었다. 어린 마음에 거적 안에 대한 궁금증이 불현듯 일어났다. 뒤로 돌아가 거적을 몰래 걷어 보는 엄청난 사고를 저지르고 말았다. 터진 두개골, 그 사이로 줄줄 흘러나오는 하얀 액체, 형언할 수 없는 모습에 큰 충격을 받고 말았다.

좋지 않는 일은 이상하게도 겹쳐 일어난다. 그 당시 일 년에 두어 차례

끓여먹을 수 있는 돼지비계국이 하필 그날 저녁 식탁에 올라왔다. 순간 낮에 있었던 모습과 연상되면서 욱하고 말았다. 그날부터 육식은 당연하고 거의 모든 해산물조차도 먹지 못했다. 누구나 음식습관을 고친다는 군대에서 숱한 강압과 회유에도 음식습관은 고치지 못했다. 회사에 입사를 했어도 음식문제는 늘 안고 있는 짐이었다. 회식 때는 어쩔 수 없이 김치 등으로 눈치껏 배를 채웠다. 시간이 약이라고 했던가, 어쩔 수 없이 현실과 조금씩 타협하기 시작했다. 비교적 담백한 해산물부터 슬금슬금 먹기 시작해서 먹는 범위를 조금씩 넓혀갔다. 돌이켜 생각해 보니 그 사건 이후 거의 이십여 년을 채식 위주로 먹었던 것 같았다.

지금도 이런저런 사유로 못 먹는 음식이 있다. 삼겹살, 보신탕 등은 여전히 기피 목록이다. 어쩔 수 없이 회식메뉴가 삼겹살로 선정되면 먹지는 않지만, 구워주는 내공은 생겼다. 순대국과 추어탕도 특유의 냄새로 좋아하지 않는다.

나의 식성을 떠올려본다. 느끼한 맛을 싫어하고, 담백하고 매운 맛을 좋아한다. 이상한 냄새가 나는 음식은 기피하고 대신 식당 분위기를 중요시하는 편이다. 사회생활을 해오면서 지인들은 내가 정하는 식당은 다들 괜찮다고 했다. 그동안 살아오면서 숱한 종류의 음식을 먹었지만 내 기억 속에 남아있는 음식은 비싸거나 별난 음식이 아니었다. 아직도 나의 뇌리에 남아있는 맛의 기억을 더듬어 본다.

어머니는 음식 솜씨가 꽤나 있었다. 그리움과 함께 몇 가지 음식이 떠오른다. 부추와 홍합, 방아잎으로 얇게 부쳐내는 부추전, 멸치젓국 등으로 졸여낸 고구마 줄기조림, 멸치 육수에 된장과 시래기만을 넣고 끓여낸 시래기 된장찌개.

군대에서 통신병으로 근무하면서 통신선 단선 복구작업을 할 때, 어느 할머니가 나무 때문에 TV가 잘 나오지 않는다고 해서 가지를 잘라주었는데 그 답례로 차려준 상추 된장 쌈.

수안보에 있는 음식점이었는데 약 50여 개의 조그마한 그릇에 갖가지 산채로 차려낸 한정식 요리, 경주 옆 봉계라는 한우 음식점에서 구워먹은 낙엽살, 충주 어느 외곽의 가든에서 먹은 제비추리와 안창.

네덜란드 어느 항구의 레스토랑에서 먹은 스테이크. 여름 휴가철, 강원도 어느 해안도로 인근의 횟집에서 먹은 얇게 썰어낸 우럭회, 이때 농담 삼아 식사비로 막내를 맡긴다는 이야기를 했었는데 이 말에 막내아들은 큰 상처를 받았다고 나중에 알려 주었다.

가족과 함께 제주도에서 먹은 오분자기 뚝배기. 미국 옐로스톤 국립공원 가는 중에 와이오밍주 어느 시골 음식점에서 'well done'으로 주문했음에도 피가 뚝뚝 떨어져 보기에 역겨웠지만, 고기가 굉장히 연했던 T본 스테이크. 경북 구룡포 해수욕장에서 민박을 할 때 백사장에서 삶아 먹은 홍게찜, 안면도에서 대천항으로 가는 배를 기다리면서 먹었던 꽃게탕.

출장 간 경남 창원에서 처음으로 속풀이 해장의 참맛을 알게 해 준 물곰 매운탕. 옛날 진주 시청 부근에서 청어구이와 함께 바지락을 넣고 끓여낸 순두부, 과일 맛으로는 설악산 오색약수터 근방에서 어머니가 사 준 너무나 달콤했던 복숭아….

왜 이런 맛의 기억만 떠오르는지 알 수 없다. 다시는 먹을 수 없는 맛이거나, 아니면 그 시절로 돌아갈 수 없는 안타까움 때문인지 모른다. 옛 속담에 먹다 보면 정이 생긴다는 말이 있다. 무엇보다 음식은 사람 사이의 관계를 연결해 주는 매개체여서 더 그런 것 같다. 앞으로도 남은 인생동안 많은 음식을 먹겠지만 기억해 내야 할 맛이 많이 있을까. 음식은 맛보다는 사랑과 정의 은유다. 가족이나 마음에 맞는 지인들끼리 오순도순 이야기 하면서 먹는 순간 음식의 맛은 몸 구석구석으로 퍼져 기억 속의 한 갈피로 각인될 터이다. 돌이켜보니 내가 먹었던 음식들은 내 몸을 만들었고, 지금의 나라는 개성을 이룬 매개체였던 같다.

음식으로 추억을 불러일으키는 것만으로 이 순간 행복하다. 음식은 인생길의 동반자가 아닐는지. 아니 인생은 음식이라는 토양에서 피워내는 저마다의 꽃이다. 그 꽃의 아련한 향기를 맡고 싶기에, 또 다른 내일을 꿈꾸어 본다.

알파고가 드러낸 어떤 세상

설마가 현실로 나타났다. 맑은 하늘에 갑자기 짙은 먹구름이 밀려들었다. 이세돌과 알파고의 대국을 관전하는 내내 허깨비를 본다는 느낌이 들었다.

바둑은 아득한 옛날 중국에서 이상적인 정치의 첫 단추를 꿴 요임금이 아들의 지혜를 계발하고자 만들었다고 전해지는 고도의 지적게임이다. 예부터 바둑놀음에 도끼자루 썩는다는 말이 있듯이 바둑은 재미있는 풍류를 넘어서 인생의 지혜를 간직한 놀이다. 일본으로 건너간 바둑은 현대 바둑으로 거듭나게 되었다. 명인전과 같은 바둑대회를 통해 바둑 천재들이 배출되었고 수많은 기보가 탄생되었다. 바둑은 인간이 만든 게임 중에서 가장 어렵다고 하며, 인간이 인식할 수 있는 한계를 뛰어넘는 신비의 영역이 숨어있는 것처럼 여겨졌다. 동양의 산수화에서 세상의 번다함을 초월한 신선이 바둑을 두고 있는 장면을 보면, 바둑이 인간만의 놀이가 아니라는 듯, 오묘한 신비감마저 들었다.

일본에서 꽃피운 바둑은 다시 세계로 전파되었다. 알파고라는 이름은 영어와 일본어의 합작이다. '알파'는 시작이며 모든 것이라는 뜻을 가지고 있고, '고'는 일본말로 바둑이다. '알파고'라는 이름에서 보듯이 바둑은 최고의 게임인 셈이다. 세기의 이목을 끈 알파고와 바둑 챔피언과의 대국이 종주국인 중국이나 현대 바둑을 만든 일본이 아닌 한국에서 개최되었다. 그 덕분에 한국인은 느닷없이 인공지능이라는 실체를 가장 직접적으로 생생하게 체험한 행운아가 되었다.

구글은 알파고를 가장 잘 홍보하는 방안을 수많은 수읽기를 통해 찾아냈을 것이다. 한국은 인터넷의 개방도가 높아 보도기사의 확산성이 높고, 게다가 창의적인 수로 바둑의 아름다움을 추구하는 이세돌이라는 뛰어난 기사를 가진 나라다. 구글이 우리나라와 이세돌을 선택한 것은 절묘한 신의 한 수였다. 다섯 번의 대국에서 인간이 어떻게 인간이 만든 지능에 질 수 있냐 하는 자존심을 건 응원에도 불구하고 알파고의 일방적인 승리로 끝이 났다. 대국을 보는 내내 해설기사까지 더듬거나 알파고의 수를 풀이 못하는 경우도 있었다. 이세돌이 패배할수록 불안해졌다. 어쩌면 한 판도 이길 수 없겠다는 초조함마저 들었다. 마침내 제4국에서 이세돌의 기묘한 한 수에 알파고는 흔들렸고, 이세돌이 이기는 순간 나도 모르게 벅찬 감격이 느껴졌다. 바둑 경기 내내 이세돌은 거대한 절벽을 마주 대하고 있는 듯 알파고에게 압도당하고 있는 듯했다.

사실 알파고와 인간의 바둑대결은 바둑이라고 할 수 없다. 바둑은 가로와 세로가 19줄인 메트릭스 안에서 반상의 수읽기와 더불어 상대의 심리적 움직임까지 판세에 영향을 미쳐 승부가 결정되는 게임이다. 인간은 무수한 기보 연습으로 길러진 감각으로 착점하는 반면, 알파고는 한 점마다 수억 번의 집계산을 한 후에 놓는다. 알파고와 같은 인공지능이 아무리 학습능력과 계산능력이 탁월해도 연산능력과 가치판단능력을 학습할 수 있는 프로그램일 뿐이다. 인간처럼 창의적인 사고를 통해 착점한 것이 아니기에, 비록 졌지만 스스로 위안을 삼을 수 있었다.

알파고라는 프로그램이 나오기 전, 어떤 프로기사는 신과 바둑을 두더라도 신이 인간에게 덤 외에 한 집을 더 준다면 신을 이길 수 있다고 자신만만하게 이야기했다. 이번 이세돌의 충격적인 패배로 그렇게 많은 역사를 가진 바둑에서 아직 인간이 모르는 영역이 많이 있음을 실감했다.

바둑처럼 최적의 착점을 찾는 최적화 기술은 오랫동안 공학에서는 OR(Operation Reserch) 이란 이름으로 알려져 있다. 약 20년 전쯤 하천에 산재해 있는 댐들을 시스템으로 묶어서 현재 댐의 저수지 수위, 앞으로 내릴 강우량과 하천 주요지점의 유량조건을 만족하면서, 댐의 발전량을 최대로 생산하는 최적화 프로그램을 실행한 적이 있었다. 프로그램을 저녁에 실행시키면 아침에 그 결과를 받아 보았다. 간혹 의미 있는 결과를 내놓을 때도 있었지만 어떤 때는 전혀 현실성 없는 엉뚱한 결과를 내놓거나 아예 에러 처리가 되어 있는 경우도 많았다. 불과 20년 남짓한 세월에 인공지능 알파고의 등장과 같이, 컴퓨터는 단순히 기억, 저장, 계산만 하는 것이 아니라 스스로 추론하여 학습하는 데까지 발전되었다.

알파고는 우리의 뇌리에 단순한 바둑 이상의 깊은 충격을 안겨 주었다. 바다에 생긴 지진이 거대한 쓰나미를 일으키듯, 알파고가 인간이라는 종을 멋지게 한 방 먹인 충격적인 사건은 세계인의 가슴에 끊임없이 긴 파장을 일으킬 것이다. 알파고의 등장으로 인공지능에 대해 많은 논란이 일어나고 있다. 한쪽에서는 새로운 기술의 도약이라고 환호를 보내지만, 다른 쪽에서는 오히려 인간의 미래에 대해 암울한 전망을 내놓는다. 인공지능이 일자리를 대체하거나, 의식을 발현하는 단계로까지 발전하여 인간을 지배할 수 있다는 주장이 그런 예이다. 그런 일이 일어날지 예단할 수는 없지만 인공지능이 발전할수록 인간과 인공지능의 관계는 끊임없이 충돌해 가면서 진화해 나아갈 수밖에 없을 것 같다.

인공지능의 본격적인 등장으로 인간이 무엇인가에 대한 의문이 새삼 들었다. 무수한 세월동안 인간은 하늘과 땅이 만들어 내는 자연의 품안에서 호흡하고 살아왔다. 나라는 의식에서 시작하여 가족, 국가, 지구인으로까지 의식이 확장되어 갔다. 인공지능도 의식이 발현될 수 있는가에 대해 논란이 뜨겁다. 숫자와 기호로 계산하고 추리하는 인공지능이 인간이라는 존재를 가능케 하는 의식의 형성에까지 이르게 된다면 호모사피엔스가 지금까지 만들고 축척해 온 모든 것들이 어떤 의미를 가질 수 있을지 모르겠다.

서서히 인간의 자리에 인공비서나, 반려 AI처럼 인간의 모습을 흉내내는 기계가 등장하고 있다. 이런 인공지능의 탄생은 현대사회의 시대풍조와도 무관하지 않다고 느껴진다. 핵가족사회에서 인간이 가진 기쁨, 안도와 같은 정서는 인간관계를 통해 얻지 못하는 경우가 많다. 그 결과 인간끼리 공유하고 있는 유대감도 점점 약해지고 있다. 그런 정서의 빈자리를 반려동물이 대체하고 있지만, 머지않아 그 자리를 인공지능이 차지하게 될 것 같다.

인공지능이 어디까지 진화해 갈지 아무도 모른다. 어떤 인공지능이 나타나더라도 과거부터 쭉 그래왔던 것처럼 인간은 인간답게 존재해야 한다. 인간만이 가질 수 있는, 즉 가슴에서 우러나오는 정서와 유대감은 기호로 의미를 부여하는 인공지능이 표현할 수 없다. 나는 인공지능에 의해 완벽히 통제되거나 의지하는 세상이 아닌 자연과 전통의 숨결을 느낄 수 있는 세상에서 살아가고 싶다.

강 위에 서서 강을 그려보다

칠흑 같은 어둠이었다. 하늘에서 구멍이 생긴 듯 비가 양동이로 퍼붓는 것처럼 쏟아졌다. 논개의 혼이 서려있는 남강은 불어나는 수위로 이미 폭군이 되었다. 댐의 모든 수문을 개방했어도 댐은 위험한 순간을 향해 달렸다. 새벽 3시쯤, 경찰서로부터 댐 하류 시민에게 비상대피 방송을 해야 되는가를 묻는 비상전화를 받았다. 그 절박했던 기억이 지금도 생각난다.

한강 하류에서부터 강우전선이 상류로 올라가면서 엄청난 비를 퍼부었다. 한강의 일산제방이 터졌지만, 한강의 유량을 조절하는 소양강댐과 충주댐에도 엄청난 폭우가 쏟아져 설상가상이었다. 하지만 댐 하류의 상황 때문에 댐의 방류량을 증가시킬 수 없었다. 댐이 버틸 수 있는 한계와 하류의 상황을 고려하면서 밤새 숨죽이며 방재근무를 했던 일도 기억난다.

그 후 충주댐에는 수몰지 추가 보상과 비상여수로가 만들어졌다. 남강에는 기존 댐을 대체하는 새로운 댐이 건설되었다. 이십 몇 년의 세월이 흘러 다시 남강댐에 근무할 때 옛날과 비슷한 홍수가 왔음에도 댐과 하류지역은 큰 피해가 없었다.

물과 관련된 일을 한 지도 거의 30년이 넘었다. 밤을 새워가며 엄청난 홍수와 싸울 때는 물의 위력 앞에 두려움을 느꼈다. 홍수를 예측하고, 홍수예경보 시설을 관리하는 일, 하천에 있는 여러 댐들을 연계운영하는 일, 방수로와 운하를 건설하는 일에도 종사했었다. 어느덧 세월이 흘러 머리에는 흰머리가 듬성해졌고 얼굴에는 주름이 깊어졌다. 세월 따라 물도 공학적인 대상에서 사유의 근원으로 바뀌었다.

4대강사업이 한창일 때 모임에 나가면 강에 관련된 논란이 많았다. 수도권에 근무할 때는 경인아라뱃길, 다른 지역에서는 4대강사업이 이야깃거리의 단골 메뉴였다. 하지만 4대강 이야기를 하는 사람치고 긍정적으로 이야기를 하는 사람은 거의 없었다. 4대강사업, 무엇이 잘못되었을까. 물론 나에게도 4대강사업은 약간의 의문부호 같은 것이 아주 없지는 않았지만 말이다.

예부터 하천 치수는 나라의 중요한 사업이었다. 문명의 역사가 시작되었다는 요순시절에도 치수에 대한 이야기가 나온다. 순임금 시절 대대적인 치수공사가 있었다. 곤이라는 사람은 하천의 순리에 역행하여 홍수를 막으려고 하다가 치수에 실패하여 죽음에 처해졌다. 다시 그의 아들 우가 그 일을 이어받았다. 그는 하천의 흐름을 터주고 주요 강들을 이어주는 방법으로 치수사업을 했다고 한다. 결국 오늘 날 중국의 모태가 되는 먹고 살 땅이 만들어졌고, 그 공로로 그는 순으로부터 임금의 자리를 물려받았다.

4대강은 엄청난 논란에도 사업은 의외로 단순하다. 하지만 함유하고 있는 가치는 보는 관점에 따라 다르게 해석될 수 있는 여지가 많다. 4대강사업 이전에 큰 하천의 이수와 치수는 거의 마무리된 상태였다. 우리나라 최초의 치수사업으로 조선 초에 행해진 청계천 사업이 있다. 한양도성이 홍수시마다 침수되는 피해를 빈번히 입어 그 해결책으로 인공수로를 만들어 물길을 돌렸다. 그 물길이 바로 청계천이다. 4대강 사업은 인공 수로를 만드는 일이 아니다. 강을 준설하고 보를 만들어 물그릇을 키우는 사업이다. 이런 일은 하천에서 흔히 있다. 조그마한 하천에는 용수를 확보하기 위해 수로를 가로질러 보들이 설치되어 있다. 낙동강 같은 큰 강의 본류에 보를 만드니 사회적 문제가 되었다. 모든 일에는 긍정적이면서도 부정적인 측면이 있다. 4대강사업도 보는 관점에 따라 다양한 주장이 나올 수 있다.

4대강사업이 이루어지기 전 차장 밖으로 보이는 낙동강이나 금강은, 넓은 강폭에 한쪽으로만 물이 졸졸 흐르는 모습이었다. 홍수 때만 거대한 강이 되었다. 홍수와 함께 상류에서부터 운반된 토사들은 하천에 지속적으로 퇴적되어졌다. 하천 바닥의 높이는 점점 높아져 갔고, 그만큼 강의 제방은 높아졌다. 과거기록에 의하면 수리시설을 대폭 정비한 조선 정조 시대에도 하천을 준설하는 방안과 제방을 높이는 방안 중 어떤 방안이 좋은지에 대해 논란이 있었다. 기술적 제약과 비용 때문에 필요한 구간에만 제방을 높이는 방안이 채택되었다.

4대강의 강바닥을 준설한 흙으로 제내지堤內地를 높게 만들고, 하상을 굴착한 만큼 물을 확보하는 노력이 필요없는 일일까. 돈이 들어서 그렇지 국가적 필요성은 있을 수 있다고 생각한다. 다만 국가예산의 효율적

배분이라는 점에서 보면 달리 평가될 수 있는 여지가 있다. 4대강사업이 이렇게 논란이 된 데는 위정자의 의도가 국민과 소통되지 못하여 서로 간에 신뢰가 깨진 데서 기인한 측면이 더 크다. 4대강사업은 처음에 주운사업으로 추진되다가 어느 순간 하천사업으로 바뀌었다. 그래서 그런 오해가 일어나게 되었는지 모를 일이다.

4대강의 가장 큰 문제는 '빨리빨리'였다. 그러다 보니 민감한 하천환경을 섬세하게 다루지 못하고, 지류사업과도 연계되지 못했다. 본류의 이수와 치수문제는 어느 정도 해결된 상태이므로 지류에 대한 치수대책과 더불어 유입되는 오염원에 대한 환경 대책이 같이 수립되어야만 했었다. 단기간의 치적이 필요한 위정자에게는, 중요하지만 시간이 많이 걸리고 생색이 나지 않는 사안은 관심대상이 아니다. 그 결과 4대강에 보가 설치된 후에 주변 농경지나 오염원에서 쏟아져 나온 영양물질은 4대강의 유속 저하현상과 상승작용을 일으켜 대규모 녹조 현상을 일으키지 않았을까. 사실 녹조는 이전에도 발생했지만 그 규모가 너무 작아 큰 관심이 없었던 현상이다. 인간의 관점으로 보면 녹조는 나쁘지만 물의 자정작용에서 보면 자연스런 과정이다. 녹조현상은 결과이지 원인은 아니다. 녹조는 기술적으로 정수장에서 고도처리를 거치는 과정에서 대부분 해결될 수 있기에, 물 순환 생태계의 관점에서 대처할 필요가 있을 듯하다.

강의 종합적인 이용의 끝에 주운이 가능한 하천이 있다. 젊은 시절 60년대 낙동강 유역조사사업에 참여한 선배로부터 "낙동강은 부산에서 구미까지 몇 개의 보만 설치하면 구미국가산업단지와 낙동강 연안의 수출입 물동량을 배를 이용해서 운송할 수 있다"는 이야기를 들은 기억이 난다. 주운에는 고도의 물관리 기술과 물류연계 시스템이 필요하다. 하천의 수량을 통제할 수 있을 때 주운이 가능하다. 일각에서 제기하는 선박의 기름누출 사고로 인한 취수장애와 같은 문제는, 하천에 있는 취수장을 개량해서 선택취수설비를 갖추게 하든지, 강변여과수 취수방식 등과 같이 다양한 방법을 찾아서 해결할 수 있을 것이다.

90년대 초 낙동강수계 댐운영관리를 담당했을 때 낙동강에 페놀이 유출된 큰 사건이 있었다. 이때 수계에 있는 댐을 연계운영하여 취수중단의 위기를 슬기롭게 넘긴 일도 있었다.

우리나라는 삼면이 바다로 둘러싸여 있고, 큰 강은 전부 서해나 남해로 흘러간다. 강을 바라보는 애증의 긴 시간이 끝나면 바다와 강을 이어 배가 다니게 될지도 모른다. 물류만이 아니라 새로운 관광 상품을 창조할 수 있다는 점에서 상상의 나래가 펼쳐진다.

외국에 나갈 때면 강이나 바다 어디에서든지 배를 타면 여유를 얻는 듯 기분이 상쾌했다. 나에게도 가슴을 저미는 꿈이 있다. 먼 훗날 한강에서 크루즈선을 타고 경인아라뱃길을 거쳐 서해와 남해의 섬들을 느긋하게 둘러보고, 낙동강을 거슬러 하회마을까지 올라가는 꿈 말이다.
실크로드를 캠핑카로 여행하고 싶은 낭만만큼이나 멋진 꿈을 꾸는 것일까.

귀향鬼鄕

지옥의 끝을 보았다. 전쟁의 속살은 욕망이 타고 남은 잿더미였다. 나라는 무엇을 위해 존재하고, 한 국가에 소속된 인간이란 어떤 의미를 갖는 것일까. 늘 그렇듯 국가와 민족, 종교와 이념이란 이름으로 자행되는 대의명분 앞에 숱한 개인의 삶은 까닭도 모르는 채 거덜나버린다. 개인이 군인이란 집단의 이름으로 침략전쟁에 동원될 때 그들의 개인적인 욕망을 충족시켜주는 것은 또 다른 욕망을 위해서 전쟁을 획책하는 권력자의 입장에서 매우 중요하다. 침략당한 나라의 힘없고 순진한 여성은 이들의 손쉬운 표적이 되고 만다. 단지 일본의 대동아전쟁은 국가란 이름으로 자행했던 군위안부 문제를 돈벌이라는 껍질을 씌워 국제사회의 지탄을 피하기 위한 간교한 수법이 옛날보다 더 심했을 뿐이다.

양심 울림의 스위치가 켜졌다. 아니 희미해져 가는 개인의 자각을 넘어서 국가 양심의 문으로 안내하는 통로가 만들어졌다. 살아서 갈 수 없는 고향을 죽어서라도 가고 싶다는 꽃다운 그녀들의 염원을 담았다. 영화 '귀향'은 일본이 대동아 전쟁 중에 국가라는 이름으로 모집한 군위안부를 배경으로 만들었다. 위안부란 오늘을 살고 있는 한국인에게도 정서적으로 치유되지 않는 가슴 아픈 역사적 사실이다. 위안부 문제는 개인의 아픔을 벗어나 국민적 상처로 도드라졌다. 오랜 세월 치유되지 않은 채 속으로 곪아가고만 있었다. 슬프고 수치스러운 집단적 무의식을 치유하는 길로 들어갈 수 있는 마지막 희망의 빛이 스크린에 뿌려졌다.

영화가 만들어지게 된 기막힌 사연이 있었다. 나눔의 집에 함께 생활하는 위안부 할머니들이 자기들의 내면에 깊숙이 숨어 있는 어두운 기억을 끄집어내서 그림을 통해 치유한다는 사실을 우연히 어느 영화기획자가 알게 되었단다. 그의 가슴에는 운명처럼 역사의 의무감이 심어졌다. 그 후 그는 장장 14년에 걸쳐, 영화를 만들고, 상영관을 겨우 확보하여 영화를 세상에 나오게 하였다.

처음에는 귀향歸鄕이라고 생각했다. 일제의 대동아전쟁 기간 중에 군 위안부로 끌려간 소녀들이 전쟁이 끝나도 고향으로 돌아가지 못한 채 세월이 흘러 아픈 기억을 보듬고서 고향을 찾아 재회하는 걸로 짐작했다. 그런데 첫 자막에 의외로 귀향鬼鄕이라고 되어 있었다.

처음부터 낯선 사내로부터 거역할 수 없는 성폭행을 당해 무당의 길로 접어드는 소녀를 등장시켜 비극의 징조를 미리 엿보게 한다. 경남 거창의 아름다운 시골풍경과 함께 광복 전의 한국 농촌의 소박한 모습이 정겹다. 이 아름다운 일상에 닥칠 비극을 예견하기라도 하듯이, 행복한 시골의 가족모습은 우리의 동심을 자극한다. 갑자기 어디로 가는지도 모르는 채, 젊은 여성들이 줄줄이 전쟁터로 끌려간다. 그녀들은 자기네들을 기다리고 있는 곳이 꿈에서조차 생각할 수 없는 곳임을 머잖아 알게 된다. 전쟁이란 홍수와도 같다. 격렬한 흐름이 한 번 시작하면 한 개인 내지 가족의 행복을 얼마든지 쓸어가 버린다. 아니 그 자체가 괴물과도 같아서 상상 이상의 참혹한 모습을 만들어낸다.

　영희의 회상을 통해 드러나는 성노예 군위안부의 실상은 너무나 적나라하다. 마치 기억을 조작해 꾸며낸 것처럼 보일 정도다. 참혹한 실상 앞에 감히 화면을 직시할 수 없을 정도로 심리적 압박을 내내 받았다. 그래도 끝까지 이 영화를 보게 만드는 힘은 위안부 할머니들의 아픔을 녹이겠다는 배우들의 순수한 마음이 연기에 대한 진정성으로 배어 나왔기 때문이다. 전쟁이 패전으로 끝날 것을 예감한 일본군은 자기들이 저지른 만행의 증거를 없애려고 또 다시 천인공노할 짓을 계획한다. 집단학살하는 살육의 현장에서 친구인 정민은 죽고, 그 정민이 준 괴불매듭의 가피로 영희는 기적적으로 살아남게 된다.

　한복을 만드는 영희는 과거가 된 위안부 생활, 소박한 늙은 여자로 살아가는 현재, 괴불매듭으로 이어지는 과거와 현재의 기억의 회랑에서 정민과 화해를 시도한다. 정민의 원귀와 영희의 가슴속에 숨겨둔 회한을 풀기 위한 씻김굿이 행해진다. 마침내 정민의 원귀를 받은 애기 무당에게서 귀향鬼鄕꽃이 피어나게 된다. 정민과 함께 모든 위안부들의 원귀는 나비가 되어 자유롭게 영원한 고향으로 돌아간다.

　영화가 끝난 후 위안부 할머니들이 손수 그린 그림들이 파노라마처럼 화면에 펼쳐졌다. 영화 내내 억눌리고 가슴 조렸고, 먹먹했던 감정이 씻김굿을 받는 사람마냥 풀어졌다. 점점 내 마음에서도 진한 감동의 물결이 일어났다.

위안부가 받은 수치와 일본 군인들이 보여주는 가학은 묘한 대조를 이루었다. 옛글에 '사람의 선한 본성이 무언가로 인해 가려지면 짐승과 다를 바가 없다'는 말이 있다. 가해자이지만 일본군들도 개인적으로는 평범한 사람들이다. 그들도 당연히 선한 본성을 가지고 있겠지만, 국가 이념으로 씌워진 집단속의 욕망에 의해 새로이 태어나게 되었다. 집단의 최면에 걸린 개인은 괴물이 될 수 있음을 이 영화는 극명하게 보여준다. 전쟁은 가해자와 피해자를 만들어 내지만 사실 모두 욕망의 피해자다. 진정 무서운 가해자는 국가의 이념을 개인의 욕망에 덧칠한 권력자들이다. 그러기에 모든 전쟁은 일어나서도 안 되며, 더더욱 의로운 전쟁이란 있을 수 없다는 옛 선인의 혜안에 고개가 절로 끄덕여진다.

불현듯 노자가 말한 소국과민小國寡民이란 말이 떠올랐다. 국가 간의 전란이 끊어지지 않는 혼란한 춘추시대에 태어난 노자는, 전쟁으로 가족이 흩어지고 영문도 모르는 채 사람이 죽어나가는 생지옥 같은 사회 현실을 목도한다. 마침내 개인의 행복은 부강한 국가를 만드는 데 있는 것이 아니라 고향에서 그냥 평생 살다가 죽을 수 있을 정도의 소박한 자유에 있음을 체득한다. 그는 개인의 행복을 위한 결론으로 소국과민을 말한다. 요즘 말로는 개인의 자유를 최소한으로 억제하면서 개인의 욕망을 부채질하지 않는 '최소국가'의 개념이다. 지금 시점에서 그의 말은 옳고 그름의 문제가 아니다. 단지 국가란 이름으로 자행되는 거대한 욕망으로부터 일어날 수 있는 참화를 벗어나게 하고픈 소박한 마음에서 한 말로 받아들이면 될 뿐이다.

세월의 무상함을 이기지 못해 해원되지 못한 꽃들이 자꾸만 지고 있다. 여전히 차가운 마음의 감옥 속에 머물고 있는 그녀들의 가슴에 서려 있는 회한을 풀어드려야 하지만 침략전쟁을 외면하고픈 나라의 권력자는 말이 없다. 그러나 다시는 이 땅에서 비극적인 일이 일어나지 않기 위해서라도 그분들을 해원시켜 고향으로 돌아갈 수 있게 해드려야 한다.

얼음장 같은 추위를 이겨내고 시냇물이 얼음 밑으로 졸졸 흐르고 있다. 어느새 겨울이 지나가고 따뜻한 봄이 오고 있다. 이 땅, 바다 건너 저 땅에도 수많은 해원의 나비가 생겨나 아픔의 벽을 넘어 마음의 고향으로 자유롭게 날아가는 꿈이 이루어지기를.

의도하지 않은 실수

온몸이 뻐근하고 머리가 멍했다. 어젯밤 뜻밖에 일어난 일로 놀란 가슴을 달래면서 회사에서 커피를 한 잔 하고 있었다. 아침부터 낯선 번호로 메시지가 들어왔다. 이 시간에 연락이 올 데라곤 없는데, 다소 의아스러운 마음으로 메시지를 확인하였다.

'주차 좀 똑바로 하세요. 지하복도에서 평행주차하면서 삐딱하게 하면 어떻게 합니까. 아침부터 바빠 죽겠는데.'

이게 무슨 날벼락. 이내 짐작은 되었다. 어젯밤 아내의 얼굴이 갑자기 부풀어 올라 급히 병원 응급실에 갔다가 밤 12시를 넘긴 시간에 귀가하였다. 이리저리 주차할 공간을 찾았지만 허사였다. 어쩔 수 없이 중앙복도에 이중 주차하였다. 이런 경우는 아파트에 입주 후 지금껏 살아오면서 거의 없었다. 아침에 누군가가 내 차를 밀어야 하는 불편을 고려하여 중앙이 아닌 한쪽으로 붙여서 주차하고는 앞뒤로 차를 조금 움직이면서 바퀴 정열을 확인하고 전화번호를 남겨두었다.

아침 출근길에 주차장에 내려가니 2대 정도의 운전자가 내 차를 밀어서 빠져나간 것같이 보였다. 근데 내 차의 앞바퀴가 완전하게 정열이 되지 않았는지 차가 약간 삐딱하게 정지되어 있었다. 송구한 마음이 들었다. 근데 막상 힐난하는 메시지를 받아보니 불쾌한 감정이 먼저 올라오고 기분마저 씁쓰레해졌다. 20년 이상 이곳에서 살아오면서 한 번도 주차와 관련한 불편한 일이 없었기에 더 그랬다. 미안한 마음은 있었지만 아침부터 받은 비난이라 기분이 속에서 배배 꼬였다. 미안하다는 감정보다 우선 괘씸한 마음이 먼저 올라와 상대방이 유쾌할 수 없는 짧은 문자를 보냈다.

'미안합니다. 근데 표현이 너무 거칠군요.'

한참 있다가 문자가 다시 들어왔다.

'그런가요. 배려 없이 주차한 분께 배려있는 말이 나오지 않네요…. 이중 주차하시면서 타인을 배려하지 아니하고 그렇게 대충 하셔야했는지 이해가 되지 않네요. 미안하다는 말 한마디로 아침부터 저의 상한 기분이 보상될지는 의문입니다.'

가만히 있자니 내가 일으킨 실수에 대해 고의성을 인정하는 꼴이 될 수도 있겠다는 생각이 들었다. 다시 어젯밤 벌어졌던 상황에 대한 이해를 구하는 뜻을 담아 답장을 보냈다.
'저는 어젯밤 병원 응급실에 갔다가 밤 12시가 넘어 주차했습니다. 주차할 때 똑바로 한다고 했는데 그렇지 못 했는가 봅니다. 그리고 통로 가운데가 아닌 한 쪽으로 붙여 주차하다 보니 아주 작은 정열 실수인데도 그런 결과가 일어나고 말았네요. 그쪽은 한 번도 의도하지 않은 실수를 한 적이 없으신가요….

　다시는 답장이 오지 않았다.

　은근히 문자가 다시 오기를 기다렸기에 약간 씁쓰레한 마음이 들었다. 문자를 또 보낼 수 있는 입장도 아니었다. 나의 의도하지 않는 부주의로 상대방한테 피해를 준 사실은 살짝 감춰두고, 어떻게든 나의 기준으로 합리화하려는 욕심만 들킨 것 같았다.

　그동안 세상을 살아오면서 나의 의지와는 다르게 상대방한테 소소한 불편을 끼친 일들이 많지 싶었다. 사소하다고 대수롭지 않게 내뱉은 소리와 무심코 한 행동들은 연못 속에 던져진 돌멩이 같았을 터이다. 일단 돌멩이가 물속에 던져지면 사방으로 물결을 일으키는 모습처럼, 삶 속에서 던져진 일상의 행위들은 인간관계망을 타고 퍼져나가면서 가지가지 업을 만들었을 것이다. 그것이 좋은 인연이든 나쁜 인연이든 맺어진 업보는 언젠가 다시 나에게로 되새김질되는 게 세상이치가 아니겠는가.
　물이 맑고 고요하면 대상을 똑바로 비추어 내듯이, 마음이 고요하고 맑으면 눈이나 귀로 들어오는 사물이나 정보들을 편견 없이 바로 볼 수 있다. 그런데 현실은 생각의 틀인 프레임의 부딪힘이다. 갑자기 나의 생각을 얽어매는 프레임이 탁한 웅덩이 같이 느껴졌다. 이를 깊고 맑은 호수로 만들고 싶었다. 사람과의 관계 속에 던져진 나의 정보가 상대방의 마음을 흐려놓게 하고 싶지 않았다.

　사람들은 저마다의 경험과 지식으로 형성된 프레임框을 갖고 있다. 매 순간마다 눈과 귀로 접촉되는 정보는 프레임을 통해 끊임없이 분별되고 판단된 후 바깥으로 보내진다. 그러기에 같은 사물이나 사건이라도 사람마다 제각각 다르게 해석되어 의도하지 않은 일들이 흔하게 일어난다. 공자는 말하였다. 나이 육십이 되면 귀가 순해서耳順 어떤 말을 들어도 그냥 받아들일 수 있다고. 우리 같은 범인들이야 이순의 경지까지는 못 가더라도 의지로써 구순口順은 해야 할 것 같다. 즉 말이나 글을 순하게 표현해야 한다는 뜻으로 스스로 새겨본다. 그러자면 시비가 생길 수 있는 경계의 순간에 어떤 마음이 일어나는가를 알아차리는 과정이 필요하다.

 오늘날 운전이라는 행위는 생활 속 일부분이기도 하지만 한 사람의 인생관과 가치관을 점검해 보는 리트머스 같은 유용한 도구이다. 운전이나 주차를 하면서 하루에도 몇 번씩 다른 운전자의 운전행위에 대해 경적을 울리거나 나 홀로 공간 안에서 말로써 업을 짓고 있다. '저 사람 왜 저러지. 운전 매너가 저러면 안 되는데' 라고 말하면서 소소한 업을 쌓아간다. 나 또한 보이지 않는 불특정 다수에게서 무수한 인연씨앗을 받고 있을 것이다. 그러니 수십 년 동안 운전해오면서 얼마나 많은 사람과 보이지 않는 인연씨앗을 주고받았을까. 운전만 그러하지 않을 게다. 매 순간 삶이라는 행위를 통해 의도하지 않게 내 입과 눈으로 지은 업은 또 얼마나 많겠는가.

 나의 작은 부주의가 아침부터 전혀 알지 못하는 사람의 바쁜 마음을 흔들어 분노를 자아내게 하는 씨앗이 되었다. 그 사람은 의도하지 않게 분노라는 꽃을 피워냈다. 분노의 꽃이 열매로 맺지 않기를 바랄 뿐이다.
 갑자기 날아온 비난의 화살에도, 그냥 홀로 미안한 마음으로 머물러 있었으면 하는 아쉬운 마음이 들었다. 그러고 보니 이순에 가까운 나이를 먹고 있음을 잊고 있었다.

가을걷이 여행

5시 기상이었다. 모처럼 이른 새벽부터 길을 나서기 위해 알람소리에 깨었다. 오늘은 금산과 옥천에서 철 이른 귀촌생활을 하고 있는 입사동기끼리 부부동반으로 내장산 단풍놀이를 가는 날이다. 단풍철이라 시간이 조금만 늦으면 들어가는 입구부터 도로가 막힌다고 한다. 전국에 단풍이 내장산보다 아름다운 곳이 없지는 않을 테지만, 단풍 하면 내장산이라는 공감대가 깔려 있어 더 그런가 싶다. 어둠을 헤치고 차는 달려간다. 어릴 적 소풍가듯, 모두들 들뜬 마음으로 이야기를 꺼낸다. 귀촌생활하면서 가슴속에 저며 놓은 말들이 무에 그리도 많은지, 쏟아지는 수다 앞에 저마다 앞에 놓여 있는 걱정거리는 멀찌감치 달아나고 있었다.

가을걷이를 서둘러 마쳤다. 전업 농부는 아니지만 가을이 되면 고구마 캐기, 나무 옮기기, 그리고 고춧대 걷기 등 수확의 기쁨을 안겨줬던 작물들의 잔해까지 걷다 보면 가을은 어느새 곁을 떠나고 있다. 시골살림에서 겨울나기는 아주 중요하다. 겨울을 어떻게 날 수 있느냐가 귀촌이든 귀농이든 성공적 정착의 첫 번째 관문이다. 한 해 농사에서 다들 돈을 벌었다 할 정도의 수확은 없었다. 하지만 생선이나 고기 외에는 큰 돈 들이지 않고 자급자족을 했으니 그것만으로 족하다는 생각이 이심전심으로 통한다. 수확한 농산물을 나누고, 찐 옥수수, 군고구마, 도라지 끓인 물 등이 새참으로 준비되었다. 농사일에 대한 애로사항, 농약 사용에 대한 고민, 새로운 나무품종에 대해 이야기가 오고 갔다. 빈 수레가 요란하듯 실력에 비해 알고 있는 지식은 이미 풍선처럼 부풀어 있었다.

내장산 초입에 도착했다. 이른 아침이라 차량은 쉽게 주차장으로 들어갔다. 우리는 입구부터 조성해 놓은 단풍 길을 따라 천천히 걸어서 올라갔다. 만산홍엽의 절정이지만 서로의 대화가 더 아름다운 듯, 단풍처럼 이야기를 물들이는 데 쉴 틈이 없다. 우리는 내장사에서부터 두 시간 남짓 걸리는 둘레길을 천천히 탐방하기로 하였다. 쉬엄쉬엄 나무들이 내려놓는 낙엽의 무게를 느끼면서 걷다보니 벽련암에 이르렀다. 뒤쪽으로 서래봉의 기암괴석이 병풍처럼 에워싸고 있고, 앞쪽으로 연자봉을 비롯한 봉우리들이 기운을 받쳐주고 있다. 풍수에 문외한이 보아도 절터가 예사롭지 아니했다. 절터가 풍기는 편안한 기운을 느끼면서 서성이는데 저쪽에서 어느 노 거사가 우리를 불렀다. 평상에 누운 다음 평상 끝에서 머리를 아래로 내려서 뒤쪽 서래봉을 한 번 보라고 했다. 그게 그거지 하는 가벼운 마음으로 누웠다가 눈을 떴다.

아 이런 곳이 있었다니. 가슴이 저렸다. 푸른 바다 속에 고요히 잠겨 있는 봉우리들은 속세의 풍경이 아닌 상상 속의 선계였다. 어떤 수식어도 필요 없는 적멸의 모습이 거기에 있었다. 노 거사는 그 모습을 '하늘 바다'라고 했다. 똑 같은 산인데 정면으로 보고 거꾸로 봤을 뿐인데 어쩌면 이렇게 다른 모습으로 다가올까. 몇 번을 정면으로 본 다음 누워서 보았다. 문득 실재하는 세상이란 게 과연 무엇일까 하는 의구심마저 들었다. 똑같은 눈으로 보는데도 보는 위치에 따라 그렇게 차이가 나는데 욕심으로 가득한 생각을 내려놓고 마음의 눈을 열고 보는 세상은 어떤 모습일까.

벽련암과의 인연을 뒤로 하고 우리는 가을의 산이 안겨 주는 숙살의 기운을 음미하면서 천천히 걷는다. 그동안 틈틈이 농사짓다가 지친 마음, 생각에 박혀 있는 묵은 때들이 낙엽처럼 떨어져 나가는 듯하다. 그 빈자리에는 때가 되면 새로운 의지가 자리를 차지할 것이다. 일순 바람에 휘날리는 단풍잎 하나가 자기를 보란 듯 마치 씻김굿에서 무녀의 옷소매 자락처럼 펄럭이며 내려왔다. 내 속의 묶은 번뇌를 해원시키 듯.

나무는 겨울을 향한 마지막 비상을 앞두고 있는 듯 말없이 잎들을 떨구고 있다. 단풍의 아름다운 모습에 취해 마냥 걷는다. 낙엽이 바람에 날리듯 우리의 발걸음도 이야기에 취해 가볍다. 산길은 호젓이 걸어도 좋지만 마음이 맞는 벗과 함께 하니 힘들 겨를이 없다.

단풍의 아름다움을 눈과 가슴으로 너무 많이 담았는지 배속에서 꼬르륵 신호를 보낸다. 금강산도 식후경이란 말이 있듯 정읍시내에 있는 맛집을 탐방하기로 했다. 여기저기 물어서 도착한 집은 한식집이었다. 반찬가짓수가 많다고 들었는데 막상 보니 어안이 벙벙하다. 일만삼천 원에 이렇게 많은 가짓수의 반찬을 차려 내다니, 먹는 우리가 미안할 지경이었다. 비싼 재료는 없었지만 먹음직스러웠다. 모주와 더불어 반찬들은 서서히 비워졌다. 우리는 욕심으로 채워진 배를 달래기 위해 정읍시내를 소요하기로 하였다.

지방에 있는 소도시답게 옛것의 흔적과 새것이 들쭉날쭉 조화를 이루고 있었다. 시장을 둘러보면서 사람 사는 냄새를 맡아보았다. 사람살이가 비슷한지 다른 곳의 시장과 별반 차이가 없었다. 시장유람을 마치고 주위를 두리번거리는데 솟을대문을 한 특이한 건물이 눈에 들어왔다. 노휴재老休齊라는 편액이 걸려 있었다. 안으로 들어가니 비석과 꽃들, 오래된 건물이 우리를 맞이했다. 둘러보고 나가려는 순간 저쪽에서 노신사가 우리더러 한 번 와 보라고 한다. 그는 우리를 노휴재의 기념관으로 안내했다. 노인들이 편하게 쉬었다가 떠날 수 있도록 노년에 살아가는 지혜와 예의를 가르쳐주고자 뜻있는 이가 사재를 털어 만든 곳이란다. 이미 거의 백년의 풍상을 견뎌내면서 많은 유품들마다 세월의 흔적이 묻어 있었다. 요즘 노인 하면 부정적인 이미지가 강하게 떠오르는데 이미 100년 전에 품위 있게 늙어가자는 그 분의 취지에 내 마음이 숙연해졌다. 정정한 노신사의 나이를 여쭈어보니 우리 나이로 90세였다. 이 분의 모습에서 나도 저 나이에 저렇게 살았으면 좋겠다는 생각이 들었다.

다시 집으로 가야 한다. 소풍가서 머문 시간은 짧았지만 붉디붉은 낙엽처럼 선명한 빛깔의 생각이 내 가슴을 물들였다. 낙엽도 마지막은 아름다운 색깔로 수를 놓고 미련 없이 가버리는데 인간은 욕심 때문에 집착과 미련으로 회한을 남길 뿐임을.

한해가 마무리되어간다. 지나간 날들은 저마다 색깔을 머금은 채 차곡차곡 선명하게 기억의 창고에 쌓이게 될 터이다. 그렇게 떠나버린 빈 자리에 다시 새로운 봄을 기다리는 농부의 마음으로, 의지라는 씨앗을 뿌려서 남은 인생의 농사를 갈무리하고 싶다.

어둠이 산속 깊숙이 내려앉았다. 우리는 식당에서 막걸리와 감자옹심이로 만든 수제비를 먹으면서 한 해 농사의 의미를 되새김질하였다. 일년 동안 농사지어 수확물을 판매해 번 돈이 겨우 하루 일당에도 미치지 못했다. 대신 농촌생활이 주는 여유와 땀의 가치, 세상에 대해 갈구하지 않는 마음은 돈으로 환산할 수 없을 만큼 값어치가 있을 거라는 공감대를 수확하였다.

어느덧 우리들은 인생의 가을 문턱을 넘었다. 삶의 가을걷이를 위해 서로를 벗 삼아 계속 자연과 더불어 소박한 시골길을 걸어갈 것이고, 다시 새로운 가을걷이 여행을 떠날 것이다.

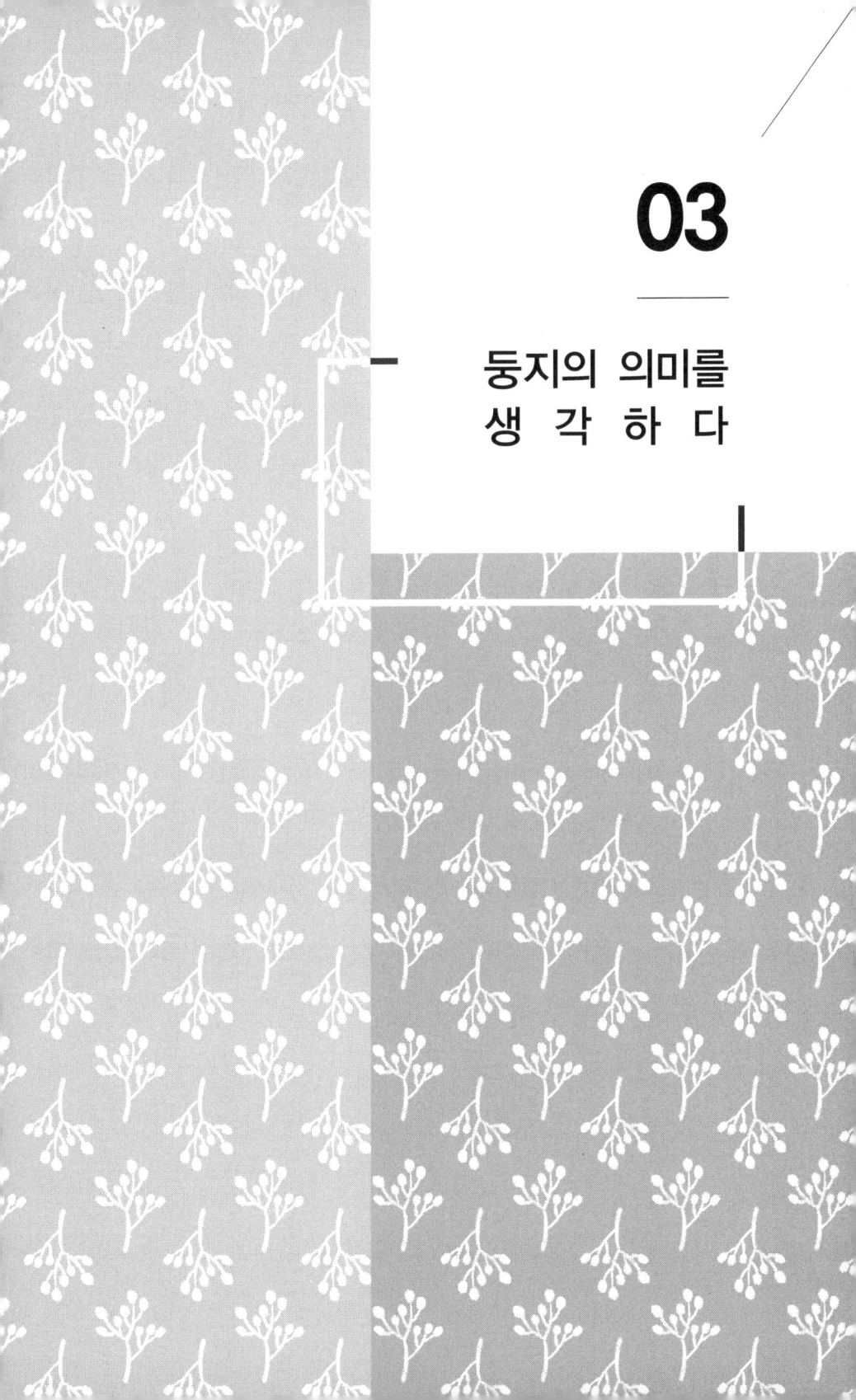

03

둥지의 의미를
생 각 하 다

너만의 빛을 내기를

주인이 떠났다. 늘 앉아있던 책상은 그대로인데 어쩐지 허허로운 마음이 든다. 불현듯 그동안 우리 곁에 서성거려 준 시간이 짧은 인생길에 마주친 선물이었음을 말해주는 듯하다. 마치 내 속에 있던 또 다른 내가 껍질을 깨고 날아가고 없는 듯싶었다.

흔히 돈만 있으면 참으로 살기 좋은 세상이라고 이야기한다. 어디를 가나 사방에 널려 있는 갖가지 물건들은 귀신처럼 눈과 귀와 입을 현혹시키고 있다. 그렇다 해도 내 호주머니가 두둑해야 호사를 누릴 수 있다. 돈이 거의 모든 것에 우선시되는 시대에 밑천 없이 돈을 낚는 거의 유일한 그물은 무엇일까. 이 땅, 아니 지구촌에서 모든 세대를 통틀어 가장 큰 관심사는 단연 취직이다. 청년들에게 취직은 가족, 친구, 그리고 학교까지도 연결되어 있는 전쟁터에서 살아 남았다는 징표다. 이 땅에 태어난 젊은이가 직장을 가진다는 의미는 스스로의 힘으로 살아갈 수 있다는 보증수표 내지 결혼할 수 있는 자격증을 얻은 것과 같은 뜻으로 통한다.

언론에서 보고 듣는 취직의 어려움이 남의 일만은 아니었다. 내게로 다가와서는 독감처럼 어깨를 축 처지게 만드는 아픔이 되었다. 주변의 친구들이 바람이나 소식으로 들려주는 누구누구 자식들의 취직 소식에 마음만 타들어갔다. 어떻게 잘못 살았기에 하는 다소 성급한 자괴감까지 밀려들었다. 물론 나보다도 당사자가 더 힘들겠지 하는 생각이 들었다. 마음을 터놓는 대화를 나누고 싶으나, 자칫 서로의 자존심에 상처를 낼까봐 애써 의연하게 보이고자 하였다. 언제 녀석의 당당한 모습을 볼 수 있을지 기약하기 어려운 시간만 속절없이 흘러갔다.

학점이 좋지 않아 늘 걱정이 되었다. 면접을 본다고 서울에 많이 다녀오곤 했지만 자신 있는 목소리는 아니었다. 하지만 이번엔 좀 달랐다. 서류심사, 두 차례의 필기시험, 면접을 모두 마친 상태였다. 합격자 발표일인 금요일이 다가왔다. 저녁때까지 녀석에게서 연락이 오지 않아 스마트폰만 자꾸 쳐다보았다. 마침내 카톡으로 인턴시험 합격통지문이 떴다. 그러나 기쁨과 함께 날벼락이 떨어졌다. 주말을 쉬고 월요일, 정확하게 삼일 만에 출근을 하도록 되어 있었다. 대전에 사는 우리로서는 당장 숙소부터 구해야 하는 노릇이었다. 인턴기간 2개월은 어쩔 수 없이 회사와 가까운 곳에 있는 고시텔을 구할 수밖에 없는 노릇이었다. 혼자서 살아야 할 짐도 챙겨야 하고 고시텔이 어떻게 생겼는지 볼 겸 해서, 서울로 함께 가기로 마음먹었다.

군대 이 년, 단기 어학연수 등을 빼곤 거의 이십 몇 년을 함께 살았다. 막상 서울로 떠난다고 생각하니 그동안 쌓인 미운 정 고운 정이 갖가지 상념을 일으킨다. 이제부터 일 년에 몇 번 정도 볼 수 있을까. 결국 부부만 남는다. 벌써 마음 한쪽에 허한 감정이 둥지를 튼다. 노년의 외로움이 미리 앞당겨 느껴졌다. 인생은 만나면 헤어지게 마련이라지만 그래도 아옹다옹 살면서 우리 품에 있을 때가 좋았다는 생각이 들었다. 이제 떠나야 할 시간이 왔을 뿐인데 무거운 짐을 벗었다는 안도의 감정 위로 허전한 느낌이 불쑥 올라왔다.

차에다 짐을 싣는데 녀석은 방이 아주 작다고 하면서 부모 마음으로 늘어난 짐을 최소로 하라고 성화다. 하지만 오히려 짐의 부피는 조금씩 늘어갔다.

서울이란 곳은 시골에서 태어난 사람에게는 이름 자체만으로 스트레스를 준다. 수도권에 몇 년간 살아도 서울로 차를 가져가 본 적은 거의 없었다. 지리를 잘 모르니 출발부터 꺼려지는 게 서울에서의 운전이었다. 다행히 지금은 스마트폰 시대다. 스마트폰의 내비게이션이 알려주는 대로 따라가니 목적지에 수월하게 도착할 수 있었다. 우선 고시텔을 찾아나섰다. 들어서 알고 있었지만 처음으로 본 모습은 너무나 생경했다. 세상에 이런 곳도 있다는 느낌과 함께 서글픈 마음이 속에서 불쑥 올라왔다. 침대 하나, 화장실, 작은 책상이 전부였다. 두 명이 들어가 쉴 수도 없다. 복도 좌우로 방이 있는 모습은 마치 닭장 같고, 그런데도 월세는 한 달에 40만원이 넘었다. 애써 아내한테는 젊어서 고생은 사서라도 해야 한다고 위로한다. 하지만 서글픈 마음을 어쩌랴. 어쨌든 주사위는 던져졌기에 감정을 가라앉힐 수밖에 없다. 대전으로 떠나면서 전화 잘 받고 회사 일에 열심히 하라는 군소리를 남긴다.

집에 도착하니 마음만 싱숭생숭해진다. 아내는 나보다 더 한 모양이다. 괜히 사소한 말에 트집을 잡는다. 늘 하던 걷기도 하지 않겠다고 하면서 남자들은 어미 마음을 모른다고 핀잔을 준다. 막내 자식을 멀리 떠나보낸 부모의 마음에 어머니와 아버지가 따로 있을까. 단지 슬픈 표정을 하면 남자답지 못한 사내라는 소리를 어릴 적부터 듣고 자란 탓에 내색을 하지 않을 뿐인데 말이다.

그 후 녀석은 너무나 어이없게 인턴만 하고 집으로 내려왔고, 몇 번의 시험을 보았으나 최종 관문을 넘지 못했다. 반전이 일어났다. 녀석은 거듭된 낙방에도 좌절의 그림자를 드리우지 아니하고 자신의 의지를 눈빛으로 드러냈다. 오히려 우리가 위안을 받기 시작했다. 녀석은 판교 IT 벨리에서 자신의 빛을 내보고 싶어 하였다. 한 해가 지나자 마침내 빛을 밝힐 곳을 찾았다.

행운은 동시에 찾아오는 듯했다. 숙소를 구할 필요 없이 독신자 아파트가 있고 거기에 빈 자리가 있어서 들어가면 되었다. 한 보따리 이삿짐을 싣고 판교로 출발했다. 저 멀리 회사 간판이 보이기 시작했다. 우리는 화려한 불빛을 따라 말로만 듣던 IT벨리를 감상하는 시간을 가졌다. 저녁을 함께 먹고 숙소에 이삿짐을 옮겨주는 것으로 우리의 역할은 끝이 났다. 대전으로 출발한 지 몇 분도 되지 않아 커피숍 앞에 차를 세웠다. 서둘러 떠나기에는 마음 정리가 되지 않았던 모양이었다. 한참동안 말없이 앉아 있다가 차에서 내리는 순간, 아내의 눈에는 이슬이, 나의 눈에는 안개비가 서려졌다.

인생이란 있으면 있는 대로, 없으면 없는 대로, 끊임없는 우환 속에서 살다가 떠나가는 거라고 한 누군가의 말이 기억난다. 정말 가슴에 쏙 들어왔다. 언젠가는 자식을 품안에서 떠나보내고, 자식한테서 떠날 준비를 해야 한다. 워낙 취업이 힘들다고 하니 느긋하게 생각했어도 때가 되니 어쩔 수 없는 이별이 찾아왔다. 이제 더 이상 한 공간에서 아옹다옹 지낼 수 없을 거라는 생각에 벌써부터 가슴 한편이 먹먹했다. 나이가 들어가니 나도 알지 못하는 뜻밖의 순간에 고된 인생살이로 쪼그라들었던 감성이 다시 깨어나고 있다. 당분간은 낙엽을 밟으며 걷고 있을 시간이 많을 듯싶다.

인생은 이렇게 매듭을 지으면서 흘러간다. 이게 인생일 터. 결국 만나면 헤어짐을 기약하기에 인생은 만나는 기쁨보다는 헤어져야 하는 슬픔이 더 깊은 것 같다. 우리 집 보물, 그래 이제 드디어 세상에 나갔으니 스스로 갈고 닦아 너만의 빛을 내기를. 너는 우리에게 아픔과 시련을, 그리고 믿음과 희망이라는 빛을 주었다.

내 가슴에 머물고 있던 새 한 마리가 저 멀리 날아갔다.

낯선 홀로서기

　오랫동안 품안에 끼고 있던 막내가 떠났다. 허전함이 가슴으로 파고 들어와 바람도 쐴 겸 저녁 먹으러 모처럼 계룡산 쪽으로 갔다. 금산에 주말주택이 있다 보니 주말에는 생활이 단조로울 정도로 금산과 대전으로 오고 가는 범위가 한정되어 있었다. 계룡산 쪽으로 밥 먹으러 가 본 지가 오래되어서인지 기억에 머물러 있는 음식점이 없었다. 그동안 동학사 들어가는 길가에 음식점이 꽤나 많이 들어서 있었고, 그 중에 분위기에 어울리는 상호로 관심을 끄는 식당이 있었다. 기대가 컸던 탓인지 음식 맛은 이름을 못 따라갔고, 더욱이 서비스는 유통기한을 지난 막걸리처럼 쉰내를 내었다.

　쓸쓸함을 위로할 정도로 계룡산의 저녁바람은 선선했다. 별빛과 산바람이 머리와 가슴으로 파고들 무렵 옆 자리에 있는 아내가 자꾸 볼이 이상하다고 한다. 한 쪽 볼이 좀 부은 듯 했다. 서둘러 길을 재촉해 대전에 도착하니 얼굴이 일그러질 정도로 볼이 크게 부풀어 있다. 이게 웬 날벼락. 서둘러 대학병원 응급실로 갔다. 한 시간 정도 검사를 마친 후 감염내과 의사는 얼굴에 있는 침샘이 부어서 그런 현상이 나타난 것 같다고 말했다. 돌발 증상에 대한 무지의 안개가 걷히니 적이 안심이 되는 순간이었다.

다음날 아침에도 여전히 아내의 볼은 찌그러져 있었다. 걱정하는 마음과 말은 곧잘 반대로 표현된다. 아픈 사람의 심정을 가슴에 담지 못하고 조롱과 핀잔이 섞인 말을 내뱉어 아픈 마음을 더 힘들게 했다. 중년의 남자들에게 가장 걱정스러운 일은 아내가 아플 때이지 싶다. 사람은 머리 보다는 입과 손발이 힘들 때 더 귀찮아하는 동물이기에 어쩔 수 없는 노릇이다. 며칠 지나니 얼굴의 부기는 많이 가라앉았고 아내의 건강도 자연히 관심사에서 밀려났다.

그런 일이 있고, 약 한 달 후 이번에는 왼쪽 팔이 이상하다고 했다. 대수롭지 않게 생각하여 자주 가는 한의원으로 진료를 받으러가다가 찜찜한 마음이 들어 동네의원으로 방향을 바꾸었다. 벌써 아내는 손목 부근의 심한 통증과 함께 손이 부어 손을 거의 움직이지 못하는 상태였다. 의사에게 부은 부위가 점점 어깨 쪽으로 퍼져 가는 느낌이라고 말했다. 의사는 인근 정형외과로 가는 게 좋겠다고 했다. 직감적으로 단순하지 않다는 생각이 들어 서둘러 대학 병원으로 갔다. 아내는 힘들어하는 표정이 역력했다. 의사는 손목에 병균이 침입하여 감염된 것 같으니 즉시 입원치료를 받아야 한다고 말했다.

평소 건강한 아내가 입원을 한다는 생각은 꿈에도 해 본 적이 없었다. 허둥지둥 입원절차를 밟은 후 검사를 받기 시작했다. 검사결과 2주 정도 입원이 필요할 거라고 말했다. 처음으로 예기치 않은 아내의 빈자리를 체험하게 되었다. 스스로 밥 챙겨먹고 살림해야 하는 낯선 홀로서기가 막막한 마음과 함께 나를 기다리고 있었다.

　아내는 결혼 이후 늘 주부라는 그 자리를 물처럼, 공기처럼 지켜왔다. 전혀 예상하지 못한 상태에서 막상 부재를 실감하니 집에 구멍이 하나 뻥 뚫렸다는 느낌이 들었다. 벌써부터 낯선 집안일에 대한 걱정으로 몸 컨디션이 떨어지고 있는 듯했다. 어렸을 때부터 남자는 부엌에 들어가면 안 된다는 말을 자주 듣다보니 음식하나 제대로 할 줄 아는 게 없었다. 고작 밥하고, 라면 끓이는 정도가 음식솜씨의 전부였다. 우선 급한 불을 끈다는 생각으로 마트에 가서 햇반과 포장용 김을 샀다.

　아침밥 챙겨먹고 회사에 갔다가 저녁에는 병원에 들러 밤늦게 집에 들어왔다. 현관문을 열고 집에 들어설 때 늘 반겨주는 사람이 없으니 이십여 년을 함께 한 집이지만 자못 적적했다. 입고 먹는 일이야 그럭저럭 버텨보지만 정신적 상실감은 가면 갈수록 더 크게 느껴졌다. 몸과 마음이 멍해 늘 하던 산보도 할 기분이 내키지 않았다. 한 사람의 빈자리로 생활패턴이 꽤 달라지고 있었다. 평상시 밥 먹고 출근까지 거의 십오 분이면 끝났지만, 식사를 직접 준비해서 먹고 설거지까지 마친 후 출근하다보니 한 시간 이상이 걸렸다.

　드러나는 일 외에도 처리해야 되는 집안일이 생각보다 많았다. 자식들과 소통하기, 청소하기, 빨래하기 등, 하나의 가정에도 참으로 소소한 일들이 많이 벌어지고 있었다. 남자는 단순히 월급만 제때 통장으로 들어가게 하면 할 일이 끝나는 줄 알았다. 집안일은 그저 좀 힘들겠지 하고 가볍게 생각해왔는데 막상 닥쳐보니 만만한 일이 아니었다.

　인생 후반전에서 마주치게 될 건강과 어쩌면 홀로 남게 될 삶의 근원적인 문제가 먹구름처럼 맑은 하늘을 잿빛으로 물들였다. 일상이 고마운 줄 모르고 늘 쓰고 있는 물처럼 당연시했던 존재가 잠깐이나마 아파서 자리를 비우니 사막에서 물을 찾는 일처럼 힘들었다. 처음으로 돈보다 더 중요한 것이 건강임을 실감했고, 건강과 평온은 늘 맑은 하늘같은 상태가 아니라 오히려 먹구름 앞에 가끔씩 드러나는 햇살 같다는 느낌이 들었다.

한 순간의 머무름도 없이 늘 변화하는 무상한 세상이다. 그동안 주름살이 조금씩 생기는 변화를 지켜봤지만 늘 건강한 모습으로 그 자리에 머물고 있을 거라는 착각으로 살아온 듯했다.
머지않아 자식들이 품안을 떠나 제 살길 찾아 떠나가면 오로지 두 사람만 남게 된다. 가장 소중한 사람은 역시 같이 밥 먹고 이불을 함께 쓰는 부부의 한쪽이다. 한자 人이라는 글자를 보더라도 혼자가 아닌 두 사람이 일상에서 서로 의지하면서 살아가야 되는 관계를 뜻한다.
두 사람이 지금껏 쌓아온 정과 건강한 몸으로 서로를 지탱하는 버팀목이 되었으면 좋겠다.

누구나 인생의 어느 끝자락에서는 한 사람을 보내고 혼자일 수밖에 없는 시간이 찾아온다. 그렇다고 인생의 끝을 마주하는 것이 아니다. 촛불처럼 자신을 태워 주위를 밝혀야 하는 시간으로 만들어야 한다. 언젠가 홀로된다는 사실이 매일 밥 먹는 것처럼 당연함에도 막상 나의 문제로 일어나고 보니 마음이 자못 무거워졌다. 그래서 인생의 본질은 슬픔이거나 외로움이지만, 인생의 의미는 슬픔과 외로움을 이겨내는 데에 있다는 생각이 들었다.

인생이란 여행이다. 흘러가는 강물 위로 어느 순간 부부라는 포말이 일어났다. 언제 사라질지를 미리 알 수는 없다. 찰나 같은 유한한 인연이기에 함께 하는 이 순간이 정말 소중해진다. 어느 날 아내의 얼굴에서 늘어난 주름살이 불현듯 깊게 보이고, 여기 저기 아프고 움직임이 자유롭지 못하더라도 현실을 담담하게 받아들이는 마음을 가꾸어 가야겠다. 조금씩 서로 이해하면서 홀로서기를 위한 준비를 도와주는 게 부부라는 인연으로 사는 의미가 아니겠는가.

가족의 첫 해외여행

손자의 첫돌이 다가왔다. 돌잔치 대신 가족 해외여행을 가기로 했다. 가족이라고 해봐야 손자를 포함해 아들내외, 작은 아들, 우리, 모두 여섯이다. 의외로 챙겨야 할 짐이 많아 새벽 4시부터 서둘러 준비한 끝에 하노이행 비행기에 올랐다. 4시간 반이라는 비행시간 동안 어린 녀석이 울까봐 내내 마음이 조마조마했다. 하노이는 습하고 시야가 흐릴 정도로 뿌연 하늘로 우리를 맞이했지만, 생각만큼 덥지는 않았다. 여기도 사계절이 있고 지금은 가을철이라 했다.

하노이는 먼 옛날과 아직 기억에 남아있는 과거, 현재가 범벅된 채로 살아가는 다양한 모습의 일상을 보이고 있었다. 간혹 보이는 한자들은 한때 여기가 오랜 한자문명권이었다는 흔적이다. 이런 독특함이 가진 묘한 매력 때문인지 다양한 차림의 관광객들도 제법 눈에 띄었다. 이제 하노이는 개발로 몸살을 앓고 있는 듯했고 오염된 공기와 물을 통해 상처 난 속살을 드러내고 있었다. 인간의 욕심이 밀려들어오기 전, 이 도심거리에서는 사람들이 한가로이 걸어 다니거나 자전거를 타면서 조용히 이야기를 나누었을 터이다. 지금은 오토바이, 투어버스, 자동차, 사람들로

엉겨붙어 그야말로 북새통을 이루고 있고, 오토바이에서 내뿜는 매연은 코를 막아야 할 정도다. 이들에게 과거보다 더 잘 산다는 것이 무슨 의미의 행복일까.

베트남 건국의 아버지로 존경받고 있는 호치민 생가에 갔다. 일생을 베트남의 독립을 위해 헌신한 그가 남긴 생전의 물품은 너무나도 소박했다. 단순한 생활도구에서 떠올려지는 그의 소탈함에 가슴이 찡했다. 하지만, 그의 무덤은 방부 처리된 미라로 거대한 신전을 이루고 있었다. 묘한 대조다. 그도 이런 모습을 꿈꾸었을까. 사람마다 공과는 분명히 있을 터인데 베트남은 영웅을 필요로 하였다. 우리의 현실과 대비하니 씁쓰레한 마음이 들었다.

하노이에서 구도심 탐방을 마치고 세계의 자연문화유산지인 하롱베이로 향했다. 하늘에서 내려와 바다에서 오랜 시간 엎드려 있던 용은 하늘로 솟아오르기 위한 일념으로 자신의 육신을 흩어 바다 위로 올라왔다. 그의 몸짓으로 바다에는 무수한 호수와 섬이 생겼다. 바위 틈새로 자라난 나무들, 기암괴석과 같은 섬의 모습에, 시선인 이백조차도 표현할 길이 없어 붓을 꺾었다고 한다. 줄줄이 이어져 있으면서 첩첩이 서로의 벗이 되어주는 섬들, 양파처럼 벗기고 벗겨도 이어지는 섬들. 삼천 개 이상의 섬들이 만들어 놓은 크기는 제주도의 여섯 배라 한다. 호수 같은 바다라는 말 외에는 달리 표현할 말이 없다. 진정 자연은 스스로 그러한 모습을 나타내고 인간은 그저 느낄 뿐이다. 고요한 바다를 물밀듯 배는 나아갔다.

이윽고 스피드 보트로 갈아타고 가야되는데 막 돌이 된 손자가 놀라지 않을까 걱정스웠다. 보토는 굉음을 내고 퉁퉁거리며 달렸다. 보트가 이리저리 흔들릴 때마다 가족의 눈은 모두 손주 녀석만 바라보았다. 아빠 품에 푹 안긴 녀석은 이런 상황을 아는지 모르는지 새근새근 자고 있었다. 녀석이 잘 버텨주기를 바라는 마음이기에 주변경치가 눈에 맘껏 들어오지 않았다.

동굴 탐사를 위해 섬에 착륙했다. 동굴 속은 고동들의 무덤이었다. 먼 옛날, 여기는 바다에 잠겨 있었다. 자연이 무상하다는 사실이 새삼 실감되었다. 몇 발자국 옮기니 벌써 동굴의 끝에 이르렀고, 동굴을 나온 순간 하나의 호수가 나타났다. 신기하게도 호수는 저쪽 바다보다 높아 보였다. 빛의 조화로 빚어낸 착시현상이었지만, 호수는 눈부시게 은빛으로 찰랑거렸다. 다시 노 젓는 배로 갈아타고 섬들을 지나 안으로 계속 들어가니 막다른 벽처럼 보이는 곳에 뜻밖에도 통로가 있었다. 겨우 머리를 숙인 채 안으로 들어가니, 순간 상상 속에 있음직한 호수가 눈앞에 펼쳐졌다. 새 외에는 어떤 생명체의 접근을 절대 허용할 것 같지 않는 이곳에 원숭이들이 살고 있다. 이들은 인간이 던져주는 먹이로 개체수가 유지되고 있다고 한다. 인간의 행위가 개입된 야생의 세계는 통제되는 생태계일까, 아니면 인간과 자연의 조화일까.

하롱베이는 하늘에서 내려 온 용이 자기의 속살을 감추기 위해서인지 섬들은 거의 무인도였다. 석회암으로 형성된 섬에서는 많은 동굴이 만들어져 있었다. 연꽃처럼 피어난 동굴도 있고, 하늘이 보이는 동굴도 있었다. 용이 승천하기 위해 잠시 머무는 이곳이 낙원이라도 되는 징표인 듯싶었다. 하롱베이를 떠날 순간이 왔다. 하롱베이는 고요한 바다, 갈매기조차 좀처럼 볼 수 없는 바다, 한없이 내 마음까지 고요하게 만드는 그런 바다로 기억되리라. 하노이로 들어가면서 보이는 시골집들은 국민 소득 이천 불에도 못 미치는 나라답지 않았다. 대개 2층 이상이었다. 특이하게 집들은 길쭉한 형태였다. 도로는 인도와 차도의 경계가 없었고, 중앙선 분리라는 개념도 없이 혼잡했지만, 보이지 않게 질서가 유지되고 있는 듯했다.

하노이 시내는 곳곳마다 차량과 오토바이의 긴 물결로 교통체증이 심했다. 짜증도 나고 싸움이 날만한 상황인데도 의외로 사람들은 평화롭게 현실을 받아들이는 듯했다. 베트남은 개발이 일상이고 발전이 미래일 수밖에 없는 나라다. 그리고 놀랍게도 나흘 동안 마주치거나 눈으로 보이는 사람 중에 뚱뚱한 사람이 거의 없었다. 여인네들은 순박하고 친절하였다. 못 살아도 행복지수는 높다고 하는 말이 빈말은 아닌 듯했다. 베트남의 정치가 너무 잘 사는 나라를 만들겠다고 사람과 국토를 힘들게 하지 않았으면.

우리 가족의 첫 해외여행지인 베트남, 아직은 가족이란 공동체의 유대감이 끈끈하게 남아 있는 듯했다. 우리나라는 물질적으로는 잘 살게 되었지만 가족의 정은 아침 풀잎에 맺힌 이슬 신세인 듯싶다. 여행 중 산에 오를 때 손자를 업는 일은 거의 나의 몫이었다. 이를 보고 어떤 관광객이 할아버지가 건강하다는 말을 했는데 칭찬으로 받아들여야 될지 아리송했다.

큰 아들이 허둥대는 여행 스케줄에서 잠시 벗어나 리조트의 야외풀장에서 가족 수영을 하자고 했다. 며느리와 함께 수영을 한다는 것이 민망스러워 하고 싶지 않았다. 손자까지 수영복을 입고 즐겁게 수영하는 모습을 지켜보는 내가 안쓰러운지 아내가 나더러 같이 수영하자고 했다. 몇 번의 망설임 끝에 수영복으로 갈아입고 나타나니, 며느리가 약간 놀라는 표정이었다. 아내와 며느리가 내기를 하였는데 내가 올 거라는 아내의 말이 맞았던 것이다. 가족 여섯명이 모두 수영장에서 놀고 있으니, 선계가 따로 없다. 손자는 여행 내내 하롱베이의 바다처럼 안도와 재미를 안겨주었다. 베트남 여인들은 녀석을 안아주고 어루만져 주었다. 이 녀석이 무럭무럭 잘 자라나, 받은 사랑을 다시 돌려주기를 염원해본다.

한국에서 삶은 끝없이 더 잘 살기 위한 경쟁으로 내몰리고 있다. 이제 나는 자족의 삶을 꿈꾸면서 현재에 머물지만 자식들은 미래를 그리면서 달려가야 한다. 언제 이런 시간을 또 가질 수 있을지 알 수 없다. 이래서 인생은 끝없는 길을 가는 나그네 같다고 했던 것일까.

소박한 꿈을 꾸어본다. 손자가 하롱베이의 잔잔한 바다 같은 세상에서 살아갈 수 있기를.

우리 집 보물이야기

이상야릇한 보물이었다. 꼭꼭 숨겨둔 적은 없지만 세상 그 무엇과도 바꿀 수 없는 물건이었다. 바깥에 내 보이기 전, 가공되지 않은 원석이었을 때 꽤 탐나는 빛을 스스로 발광한 적이 있었다. 집을 벗어나 남들한테 보이기 시작하고 나서부터 이 물건은 서서히 바깥의 화려한 불빛에 현혹되어 영롱한 빛을 잃어가기 시작했다.

이 보물은 가끔씩 꿈속에서나 있을 법한 이야기들을 구름을 헤치고 쏟아지는 햇빛처럼 들려주었다. 대부분 현실에서 이해될 수 있는 이야기가 아니라 상상 속에서 만들어져 나오는 이야기였다. 공감을 한 순간만큼은 나래를 펴고 하늘로 둥실 날아오를 것 같았다.

그 원석을 보살피며 애지중지해 온 나는 간혹 그것이 드러내는 빛을 보면서 유명한 화씨지벽和氏之璧의 고사를 떠올려 보기도 했다. 분명 다듬으면 귀한 옥이 될 것 같은데 진가를 알아주는 귀인을 만나지 못했다. 뛰어난 옥이 되기를 바라는 마음만 간절한 나에게, 가끔씩 가능성의 빛을 보여 주었기에 안타까움만 더 해 주었다. 나는 그나마 빛을 보았기에 언젠가는 그 빛의 가치가 알려지겠지 하고 스스로 위로할 뿐이었다. 하지만 보석으로 다듬어 낼 줄을 몰랐다. 분명 독특한 빛이 이 안에 들어 있는데 말이다. 안목 있고 솜씨 있는 옥공이 아니라서 귀한 옥이라고 소리치지 못했다. 너무나 섬세하고 복잡한 원석 덩어리라 잘못 세공을 했다가는 못쓰게 될까봐 애써 지켜보고만 있을 수밖에 없었다.

이 보물은 독특한 취미가 있다. 좋아하는 음식은 게임이었다. 늘 컴퓨터와 스마트폰으로 영양분을 공급받았다. 어떤 날은 밤새워 과식하기에 도깨비 같은 푸른 빛을 발하기도 하였다. 새벽에 가끔 보면 허깨비 같은 형상을 하고 있을 때도 있어 소름이 돋기도 한 적이 있었다.

용이 물속에 있을 때는 조화를 부릴 수 없다. 주역에 '물에 잠겨 있는 용이니 쓰지 말라'는 말이 있다. 물에 숨어 있으니 쓰일 수 있는지를 아무도 알아보지 못한다는 말이다. 이제 용은 때가 왔으니 조화를 부릴 수 있다고 하면서 물 밖으로 나갈 테니 자신의 가치를 알아봐 달라고 한다. '하늘로 나타난 용이니 대인을 만나야 길하다'라고 하는데 아직 혼자서 날기에는 힘이 미약하고 너무 이른 새벽이라 알려지기가 어려운 여건이었다.

병아리가 알에서 막 부화할 때도 밖에서 껍질을 쪼아주는 어미가 있어야 한다. 그런데 때가 되었다고 안에서 소리를 내지만 너무나 작은 그 소리에 공명하는 사람이 없다. 그나마 껍질을 스스로 깨고 나오리라는 믿음으로 귀 기울여왔던 나도 세월의 무게로 믿음과 의지가 약해져갔다. 머리에 듬성듬성 난 흰 머리와 침침한 눈, 약간 어두워진 귀로 정신의 힘은 점점 약해져갔다. 매번 부화하기를 간절하게 바라면서도 그 소리가 진짜일까 하고 의심하였다. 때가 되면 당연히 껍질이 깨어지는 줄 알았다. 그런 생각은 나의 철부지 같은 무지에서 비롯되었음을 뒤늦게 깨닫고 나니 가슴 한쪽이 미어지는 듯 답답해졌다.

과연 이 옥을 절차탁마하면 맑고 밝은 영롱한 빛이 나오는 옥이 될 수 있을까. 아는 것만큼 보이고, 믿는 것만큼 얻을 수 있다고 했는데 점점 보물에 대해 잘 모르는 것 같아 확신이 없어져갔다. 때가 되었으니 시중에 내놓아야 하는데 싸구려가 아닌 제 값으로 받고 팔 수 있을지 걱정이 먼저 앞섰다. 끝내 제값을 주는 임자를 만나지 못한다면 어쩔 수 없지 하면서, 운명론에도 기웃거리고 싶은 마음이 들기도 하였다.

'사람이나 집안을 망치는 길은 순서가 있다. 먼저 스스로 허물고, 그 다음에 다른 사람이 헐어 버리고 마는 것이다. 나마저 지켜보기가 힘들다고 회의감이 들면 누가 이 물건의 가치를 알아볼 노력이나 할까. 찬찬히 지나온 과정을 살펴보았다. 다듬을 수 없는 옥이었을까. 순도가 낮은 옥이었을까. 아니면 그냥 돌이었는데 내 눈에 콩깍지가 끼여 잘못 본 것이었을까. 이런 저런 생각으로 가슴이 답답해졌다. 그때마다 이 옥은 오히려 나에게 자신감을 가지라고 일깨워주었다. 그럴 때는 진짜 옥이 맞을 수도 있겠다는 생각도 들었다. 대기만성이라는 말도 있지 하면서, 내 스스로 위안을 삼았다.

하여튼 이 보물 때문에 제법 인생에 대한 번민이 일어나게 되었다. 방송이나 신문지상에는 저마다 빛깔을 가진 옥들이 넘쳐나는데, 다들 고만고만해서 쓸모 있는 옥은 몇 백알 중에 겨우 한 둘 정도라고 난리다. 이 옥을 알아봐 주는 사람을 만나는 인연이 언제쯤인지 알 수 없지만 그저 제 값에 팔리기를 바라면서 때를 기다릴 뿐이다.

돌고 도는 것이 인생사다. 모든 일에 때가 있다고 한다. 새로운 시절 인연이 도래하면 이 녀석의 가치를 알고서 다듬을 줄 아는 임자가 틀림없이 나타날 게다. 그 때까지 기다리며 좀 느긋하게 생각하기로 하였다.

이제 우리 집에 있는 보물은 옛날처럼 영롱하지 않지만 아직도 귀가 솔깃하거나 속으로 맞장구치게 만드는 이야기를 가끔씩 들려준다. 듣는 순간 기분이 좋아지다가도 현실만 생각하면 어느새 가슴이 가라앉기도 한다. 그러나 무엇보다 중요한 건 함께 있다는 그 자체만으로도 기분이 좋아지는 녀석이다. 언젠가 내 곁을 떠날 보물이지만 지금 이대로만으로도 감사하다.

슬슬 속으로 생각이 늘어나는 것을 보니 이제 외로움을 타는 나이가 된 모양이다. 인생은 생각이라는 파도 위에 떠 있는 나룻배와 같다는 생각이 절로 든다.

오늘 밤에도 파란 빛을 내는 보물을 보면서 수많은 생각에 잠길 것 같다. 이제는 조급한 마음을 내려놓고 포근한 빛으로 감싸주고 싶다. 나의 깊은 바람은 보물 스스로 갈고 닦기를 마음속으로 기도할 뿐이다.

뜻밖의 결혼식

큰 아들이 저녁 늦게 유령처럼 나타났다. 기쁜 마음보다 이상한 느낌이 들었다. 근데 이게 무슨 날벼락. 전혀 짐작도 못한 일이었다. 머리가 하얘지는 느낌이 들었다. 어디서부터 꼬여서 이런 일이 일어나게 된 것일까.

전방에서 근무하는 아들은 학사장교로 제대를 불과 석 달 남겨 놓고 있었다. 한창 취직을 위해 힘써야 할 시기에 이런 일이 일어났다. 좋은 회사에 들어가서 몇 년간 돈을 모은 다음에 결혼하겠지 하고 늘 생각했었다. 그런데 앞뒤가 바뀌고 말았으니 참으로 난감하였다.

머리에서 일어난 지진은 꼬리를 물고 내 몸에서 여진을 일으켰다. 누구한테 말도 할 수 없었다. 잇몸이 솟아나고 혓바늘이 돋고는 치아에서 고름이 생겼다. 나이가 드니 몸이 힘들 때 늘 잇몸에서 문제가 생겼다.

힘들기는 아내도 마찬가지인 모양이었다. 상대가 같은 부대에 근무하는 여군이고, 어머니가 일찍 돌아가신 상태라고 하니 결혼조건까지 탐탁하지 않았다.

며칠이 흘렀다. 해결의 실마리는 역시 아내한테서 비롯되었다.
"먹고 사는 것이야 자기들이 알아서 할 일이다. 그 애가 우리 집하고 인연을 맺고 싶은 모양인가 보다. 우리 복은 나누어주는 복 같으니 그냥 받아들이자." 지금껏 살아오면서 기댈 데라곤 아무도 없이 혼자 힘으로 세파를 헤쳐온 탓인지 모른다. 마음 한 구석에는 애들한테 조금 도움이 되면서 가끔 왕래할 수 있는 집안이면 좋겠다고 생각했었다.

며느리 될 애를 한번 보기로 했다. 넉넉하지 않는 우리 형편에도 불구하고 외국 유학을 보낸 아들이기에 기대치는 조금 높았다. 아들은 부모가 한번 본다고 하니 적이 안도되는 모양이었다. 친구가 운영하는 횟집에서 저녁을 먹기로 했다. 눈에 확 들어오는 얼굴은 아니지만 적당한 키에 체형이 반듯했다. 약간 깡이 있어 보이면서 눈동자는 제법 또렷또렷. 꽃다운 나이, 군인의 절도가 배여서 그런지 나이에 비해 조숙한 모습이었다. 아들도 서른에 가까워져 가고 있으니 취직 후 결혼하겠다고 하면 조건을 걸어 거부할 정도는 아닌 듯했다. 사실 부모는 조건을 따진다. 하지만 평생 함께 살아갈 본인들이 진심으로 사랑하며 결혼하고 싶다고 하면 받아들이는 것이 당연하다. 현실의 어려움을 두려워하는 마음이 사랑의 결실을 잠시 가렸나보다.

며느리 될 아이에게 '우리 아들은 큰 소리 잘치고 아직 취직도 되지 않았는데' 하면서 삶의 의지를 시험해 보았다. 당돌하게도 '제가 먹여 살리면 되지요'라는 씩씩한 대답이 돌아왔다. 마음 한편으로 아들의 앞날이 풀리지 않을 거란 생각은 조금도 해보지 않았지만 말이다. 처음 가졌던 서운함과 괘씸함은 저녁 식사와 함께 서서히 소화되고 있었다.

아들과 예비 며느리가 휴가를 며칠 받아서 우리 집에 왔다. 여자지만 군인답게 싹싹하고 목소리가 시원했다. 우리 집 며느리로 받아주기로 마음을 먹으니 좋은 점이 눈에 들어오기 시작했다. 그렇다 하더라도, 마음 한 구석에서 아쉬운 생각이 일어나는 것은 어쩔 수가 없었다. 결혼날짜와 장소는 애들과 아내의 몫이 되었다. 결혼식은 주위에 알리지 말고 조용히 치루면 좋겠는데, 집안 주도권은 이미 내게서 떠나 있다. 결혼날짜를 받아보니 불과 한 달도 채 남지 않았다. 게다가 일정이 촉박하다 보니 결혼식은 저녁시간에만 가능하다고 하였다.

아들 결혼식이 다가와도 결혼식을 치른다는 실감은 나지 않았다. 아내만 바쁘지 남자의 일정은 평상시와 거의 똑같았다. 단지 주례사가 없는 결혼식이므로 내가 당부인사도 해야 하고 성혼선언문 낭독도 우리 쪽에서 해야 하는 정도였다. 나는 그저 글이나 준비해 두었다가 말만 하면 되었다. 결혼식을 올리는 시간이 저녁이므로 하객들한테 미안한 기분이 들어, 와인을 선물로 준비하기로 했다.

결혼식 전날 밤. 아들의 친구들이 와서 내일의 결혼 진행과정을 설명했다. 사회를 볼 녀석이 역할을 제대로 알고 있고 나름대로 준비를 잘 하고 있었다. 성혼선언문은 아빠가 하는 것보다 집안의 어른인 큰 아빠가 하면 어떠냐는 아들의 제안이 있어 그러자고 했다. 하객들의 식사 인원은 처음에는 토요일 저녁인 점을 고려하여 기본 인원수를 최소로 했었다. 차츰 이런 저런 인맥에 결혼소식을 알게 된 전역병사들이 참석한다고 해서 숫자가 늘어났다. 막상 결혼식이 있는 날, 넉넉하게 준비한 선물용 와인이 모자라고 말았다.

아들의 느닷없는 결혼 선언부터 시작해서 약 한 달 만에 치러지는 혼례식은 약간 긴장감이 묻어났지만 무난히 진행되었다. 신랑신부 행진 후 신부가 동생이 부르는 노래에 맞추어 춤추는 돌발 이벤트가 있었다. 순간 젊은 하객들한테서 환호성이 흘러 나왔다. 결혼식장에 숱하게 가서도 이런 경우는 처음이었다. 망측한 느낌보단 예쁘다는 느낌이 들었다. 폐백을 끝으로 행사는 끝나고 일가친지들은 바쁘다고 서둘러 모두 떠났다. 지방에서 올라온 아내의 동창생들을 숙소로 안내하고 우리 부부만 집으로 돌아왔다.

큰아들의 결혼식, 번갯불에 콩 구워 먹듯이 치렀다는 느낌이 들었다. 어릴 적 기억에 결혼식을 마치고 나면 잔치분위기로 집안이 떠들썩했는데, 세상이 참 많이도 변했다. 아파트에 부부 둘만 남았다. 한 잔의 와인으로 건배하면서 숨이 막힐 정도로 어지러운 시간을 보낸 그동안의 노고를 서로 자축했다.
"큰 아들 결혼식 무난하게 끝났지."
"잘 끝난 것 같아."
"며느리도 괜찮은 것 같지."
"그런 것 같네."
아들 내외가 앞으로 잘 살아 주리라는 기대감을 베게삼아 부부의 긴 하루는 지나갔다.

인생이란 참으로 알 수 없는 수수께끼다. 우연찮은 계기로 시작되었다가도 이내 한 매듭이 지어지고 만다. 그 매듭은 또 다른 매듭으로 이어져 나가면서 인생의 길이 만들어지게 될 터이다. 어쩌면 삶은 각본 없는 연극이다. 조명이 켜지면 차례차례 무대에 올라와서 한 바탕 놀다가, 때가 되면 역할을 멈추고 내려가야 한다.

자식에 대한 부모의 역할은 결혼식을 치러준 것으로 하나의 매듭을 묶었다는 생각이 들었다. 하지만 인생은 알 수 없다. 어떤 예기치 않는 일을 만들어 불쑥 내밀지. 그런 일이 있더라도 그것이 우리 부부가 짊어져야 될 삶의 무게라면, 기꺼이 그 짐을 져야 되겠지.

누구에게나 뜻밖의 일이 일어난다. 그냥 운명처럼 받아들이며 노력하면서 극복해 가는 것, 그게 바로 우리네 인생이겠지.

어머니의 찐빵

마음이 조마조마했다. 시계만 보았다. 이미 예정된 시간을 꽤나 지나고 있었다. 드디어 소리가 새어나왔다. 문 밖으로 흘러나오는 울음은 참으로 오랜만에 들어보는 생경한 소리였다. 으~앙하는 소리로 자신의 존재를 알린 주인공은, 몇 분 후에 초조한 마음으로 상상의 나래를 펼치고 있는 우리에게 첫 모습을 드러냈다. 긴 시간의 설렘으로 태초의 속살을 헤치고 찾아왔기에 너무나 가냘픈 모습이었다.

정신을 가다듬고 얼른 녀석을 들여다보았다. 누구를 닮았을까. 아빠보다 엄마의 모습을 많이 닮은 듯해 보였다. 약간의 실망감이 돋아났다. 부계사회의 오랜 신념 속에서 아빠 쪽을 닮기를 바라는 마음이 더 큰 모양이었다. 조금이라도 아빠 쪽을 닮은 데가 있는지 찬찬히 이리저리 살펴본다. 마침내 퍼즐을 맞추듯이 우리와 닮은 몇 개의 상징을 찾아서 동질감을 확인하곤 적이 안도한다. 하루도 지나지 않아 녀석은 완벽한 부계의 모습을 드러내고 있었다.

오랜 기다림 끝에 마침내 날짜가 잡혀졌다. 늦가을을 상징하는 국화도 거의 시들었고 겨울의 초입을 재촉하는 차가운 바람이 불어댔다. 그러고 보니 오늘이 한 해의 24절기 중 스무 번째에 해당하는 소설이라는 절기다. 이미 겨울의 문턱을 넘었기에 눈이 와도 전혀 이상할 리 없다. 눈을 예고하는 듯, 칙칙한 하늘에 바람까지 차갑다. 집을 나서는데 겨울바람이 코끝에 걸치고, 하늘에서는 하얀 가루를 뿌리며 눈이 내리고 있다. 참 자연의 오묘한 조화에 절로 고개가 끄덕여진다.

찬바람이 불면 김이 모락모락 솟아오르는 따뜻한 찐빵은 어머니의 정을 떠올리게 한다. 이제 어머니한테 손자가 태어난 그 나이에 내가 이르렀다. 이제 어머니는 내 곁을 떠났고, 어느새 내가 할아버지라는 칭호를 가지게 되었다. 머잖아 우리의 사랑은 아들을 넘어 손자한테로 달려갈 것이다. 그렇게 대를 이어 사랑은 김처럼 스멀스멀 찾아와 우리들의 가슴에 머무르고 있다.

일요일 아침. 의정부로 가는 내내 걱정과 설렘이 교차하고, 마음 한 구석에서는 인생의 단계가 하나씩 매듭지어져 가고 있음을 느낀다. 출산은 누구의 가정에서나 일어나는 평범한 일이기에 별 것 아닐 수 있다. 하지만 대를 이어주는 첫 손주를 보는 사건이 막상 내 일로 되고 보니 온갖 기쁨과 걱정이 함께 일어난다. 우리 부모도 나를 낳을 때 나와 같은 마음이 들었을 거라 생각하니, 까닭모를 그리움이 올라온다. 멈출 수 없는 상념들은 어느새 뭉게뭉게 피어나고 갖가지 그림을 만들고 있다.

녀석에게는 짧지만 긴 여행이었을 것이다. 약 40주의 여행. 저 까마득한 우주의 어느 별에서 지구로 올 때 걸리는 시간이다. 그 여행에 걸린 시간에는 지금까지 존재했던 생물체 진화의 모든 수수께끼가 압축되어 있을 테다. 하지만 지구에 도착하는 순간 그런 기억은 잊혀져버리고, 한 가족의 과거와 현재, 미래를 이어주는 기나긴 운명의 끈이 되고 만다.

도착을 알리는 신호음은 처음엔 미미했다. 하지만 갈수록 엄마의 몸은 전신으로 돋아나는 신음소리로 바뀌었다. 엄마라는 거룩한 이름을 얻기 위해서는 포기할 수 없는 과정이다. 그 기나긴 고통 앞에서 모든 생각의 껍데기들은 버려지고 거룩한 삶의 책무를 이어가기 위한 생명의 순수한 신음만이 남았다. 혼자만의 소리가 아니다. 어쩔 수 없이 떠나야 하는 아기와 보내야 하는 엄마의 이심전심의 소리였다. 녀석은 계속 머물고 싶었겠지만 생명의 위대한 흐름에 동참하기 위해 정들었던 둥지를 떠나야했다.

마침내 숨 막히는 분리의 순간이 도래했다. 정신이 까무러칠 정도의 엄마의 외침과 함께 녀석은 찢어지는 울음으로 모습을 드러냈다. 세상에 처음으로 낸 소리는 천상천하유아독존이라는 신비로 포장될 수 있는 말이 아니었다. 단지 으앙 으앙, 그러나 그 소리만으로도 오직 유일무이한 존재의 무게감을 사방에 알리는데 충분했다. 하나의 존재가 영겁을 뛰어 넘는 긴 시간 여행을 마치고 드디어 지구라는 별에 무사히 착륙했음을 알리는 신호음이었다.

이 녀석의 출현으로 인간 세상은 새로운 관계가 굴비 엮어지듯이 줄줄이 생겨난다. 할아버지, 할머니, 삼촌, 손자 등. 얼떨결에 나도 할아버지라는 어색한 명칭을 얻게 되었다. 아버지가 될 준비를 하고서 결혼한 게 아니었다. 할아버지가 될 준비를 끝내고 나서 손자를 보게 된 것은 더더욱 아니었다. 아들의 아빠에서 손자의 할아버지라는 새로운 이름을 받았다. 그 만큼, 나도 여기를 떠날 날이 가까워져 온다는 운명을 암시 받는 듯했다.

  인간이 처음으로 세상에 모습을 드러낼 때 지금처럼 병원에서 갖가지 준비를 마친 후 태어나지 않았다. 자연의 동물이 그렇듯이 그냥 황야의 땅에서 태어났을 터이다. 그 열악한 환경을 극복하면서 지금 여기까지 나의 혈육의 긴 줄로 이어지고 있다는 사실을 생각하니 가슴이 시려졌다. 아니 생명에 대한 경외감으로 가슴이 먹먹해졌다. 생명이 이렇게 소중한 기적이라는 자각과 함께 말이다.

  이제 할아버지가 되었다. 이 녀석은 곧 엄마 아빠라는 단어도 익힐 것이고 이어서 할머니 할아버지라는 단어도 배우겠지. 그러는 동안 인생은 흘러가고 이내 이 녀석의 탄생의 이야기는 우리의 추억으로 남게되겠지. 어느 날 손자가 지금 아들의 나이가 될 때쯤이면 나는 또 다른 우주를 여행하고 있을지 모른다.
  참으로 고귀한 생명의 여정을 목격했다. 그러고 보니 나도 해야 할 일이 새로 생겼다. 우리 가족의 일원이 되기 위해 위대한 여행을 무사히 끝낸 손자에게 어머니의 찐빵 같은 정을 붙여 이름을 지어주는 것이다.

  카톡에 수시로 올라오는 녀석의 사진을 보고 또 쳐다본다. 커 가는 모습이 하루하루 다르다. 눈에 담아서 가슴 속으로 꼭꼭 쑤셔 넣는다. 녀석을 보는 것만으로 가족의 이야기는 매일 쌓여 간다. 손자의 표정과 모습에 가족들의 낯빛과 기분까지 달라진다. 주연배우가 따로 없다.

  불현 듯 인생은 한바탕 연극이란 생각이 든다. 누구나 주연이 되었다가 조연이 되고, 어느 순간 관객이 되었다가, 무대를 떠나야 되듯이.

새로이 맞이하는 주말부부

커피가 감미롭지 아니하다. 따뜻한 커피향이 주는 분위기가 좋아서거나, 시간의 여백을 느끼기 위해서 마시는 커피가 아니다.

일요일, 터미널에서 의정부로 가는 아내를 배웅한 후 곧장 아파트에 들어갈 때, 빈 집에서 풍기는 쓸쓸함과 맞닥뜨리기 싫어 커피숍에 들른다. 커피의 향과 맛으로 가슴에 남아있는 허전함을 달래면서 노트북을 펼친다. 커피숍에 머무는 시간은 버스가 잘 도착했다는 카톡을 받을 때까지 걸리는 시간이다. 한 잔의 커피를 마시면서 머무는 마음에는 고독이 진하게 배이고 있었다.

주말부부는 그리 낯설지 않는 단어였다. 회사의 업무특성상 전국적으로 사업장이 산재해 있어 현장근무를 할 때가 있었다. 아이들이 어릴 때는 온 가족이 함께 내려갔지만, 어느 시기가 되니 교육문제로 어쩔 수 없이 혼자 가게 되었다. 그 때는 내가 가는 사람의 입장이었고, 샐러리맨으로서 당연히 받아들여야 하는 의무감 때문인지 마음에 스며드는 특별한 감정이 없었다. 단지 정년을 몇 년 남겨놓지 않았을 무렵에는 외로움이 가끔 찾아왔다. 특히 겨울이 되면 더 그랬다. 월요일 저녁, 빈 아파트에 처음 들어갔을 때 느껴지는 냉기와 함께 아무도 반겨주지 않는 공허함이 싫어 밖에서 배회하곤 했다. 그나마 월요일만 그런 느낌이 들었지, 주중에는 그런 생각을 할 겨를이 없었다.

이번에는 달랐다. 반드시 해야 하는 의무는 아니었지만 어쩔 수 없이 받아들여야 하는 주말부부였다. 나는 집을 지키면서 회사 가고, 아내는 주말마다 손자를 보러 갔다가 온다. 자식 둘을 공부시키고 난 후, 어렵다는 청년취업 문제도 큰 문제없이 해결되었다. 큰아들이 결혼하고 나니 인생의 여유로움이 조금 우리 곁에 찾아왔다. 부부 모두 건강한데다가 미래에 대한 욕심을 내려놓으니 약간의 경제적 여유도 생기는 듯 싶었다. 모처럼 돈이나 노후에 대한 걱정 없이 해외여행도 다니면서 재미있는 시간을 보내는 중이었다. 어쩌면 인생에서 최고로 누릴 수 있는 마음편한 시간이라고 할 수 있었다.

아들내외로부터 무한의 담보청구서가 제출되었다. 아직 감내해야 할 책임이 남아있다는 통지였다. 손자를 얻은 기쁨은 행복이었지만, 손자육아라는 현실이 기다리고 있었다. 그 짐을 내려놓기까지 얼마의 시간이 걸릴지 알 수 없다. 다만 지금 누릴 수 있는 모든 호사를 옛날처럼 미래로 미룰 수밖에 없었고, 그냥 그 일을 운명처럼 받아들여야 할 뿐이었다.

살아오면서 엄마는 자식들이 자립할 때까지 먹고 싶은 것, 가고 싶은 곳, 곱게 입고 싶은 것, 하고 싶은 것, 모두 미래로 미루어 두었을 것이다. 중년이 될 무렵 자식들이 곁을 떠나면 엄마라는 짐을 벗어나 자기의 삶을 찾아 나선다고 한다. 이제 그런 시기가 왔다고 생각했을 텐데 뜻밖의 복병을 만났다. 아내는 힘들게 산모퉁이 돌아가니 또 다른 산모퉁이가 나타남을 느꼈을지 모른다. 자식이 장성하여 한 가정을 이루었는데도 여전히 챙겨주어야 할 자식만이 있을 뿐이었다. 이 땅의 엄마들은 무덤에 갈 때까지 자식 뒷바라지하는 게 운명인 듯싶다.

손자육아는 한 번 시작하면 몇 년이라고 기약할 수도 없다. 한 녀석이 크면 또 다른 손자가 줄줄이 기다리고 있을 것이다. 사실 손자의 재롱 뒤에는 자식들의 욕망이 숨어 있다. 오늘날 자식세대가 누리는 문화생활은 지금보다 그리 멀지 않는 우리 세대에서는 꿈도 꿔볼 수 없었다. 그땐 모든 가정생활의 방향은 돈을 모아서 집 사고 자식들 공부시키는 것이었다. 게다가 우리는 낀 세대라, 부모생활비도 일정부분 감당해야 하는 짐도 지고 있었다. 그래서 그런지 나이가 들어도 자식들을 힘들게 하거나 부담은 되지 않겠다고 다짐한다.

어린 시절 가난이 몸에 배여서 그런지 소비에 대한 욕망이 크지 않다. 지금도 영화를 보는 행위, 콘서트 가는 일, 음악회 가기, 미술관람 등은 익숙하지 않는 일이라 생각만큼 잘 가지 못한다. 취미라고 해 봐야 별로 돈이 들지 않는 걷기나 독서다. 커피숍에서 즐기는 한 잔의 커피는 새로운 취미가 되었다. 단지 해외여행이나 국내여행은 일 년에 두어 번 가야 하는 취미 아닌 호사로 되었다.

세상의 흐름이 바뀌었다. 젊은 부부가 홀로 돈을 벌어서 집 사고 가족이 소비하고픈 욕망에 부합한 문화생활을 꾸려나가기에는, 세상이 너무 힘들게 변해 버렸다. 게다가 여성들도 자기실현의 욕구를 추구하게 되면서, 전업주부로 머물러 있기에는 타인과의 비교대상에서 오는 심리적 압박감이나 좌절감을 이기기 힘들게 되었다. 직장을 다니다가도 애를 키우기 위하여 한 번 경력이 단절되면, 특별한 전문적인 지식이나 재능이 없는 한 재취업이 쉽지 않는 게 엄연한 현실이다. 무엇보다 자식들이 가정을 꾸민 후 가장 크게 부딪히는 문제는 집을 마련하는 일이다. 집값이 봉급을 모아서 취득할 수 있는 수준보다 너무 비싸다보니, 자식 입장에서는 맞벌이로 돈을 벌고 싶은 게 당연하다. 자연히 부모에게 손자육아라는 짐이 맡겨지게 되었다.

언제나 그렇듯 손자육아에서 할아버지의 역할은 별 볼 일 없다. 할머니들의 손길만 더욱 분주해진다. 여자는 할머니, 어머니, 아내라는 일인삼역의 고된 삶을 맞이해야 한다. 손자 깨우고 재우기, 아침밥 먹이고 어린이집 보내주고 데려오기, 저녁 먹이고 잠잘 때까지 할머니는 한시도 손자한테서 눈을 떼지 못한다. 틈나는 시간에는 아들의 와이셔츠를 다리고, 반찬도 준비해야 한다. 다시 금요일 밤에는 집으로 와서 살림하고, 남편 일주일 치 반찬을 준비한 후 일요일 밤차로 올라간다. 간혹 손주가 감기에 걸리거나 아파서, 어린이집에 보내지 못하면 24시간 돌봐야 한다. 이럴 때 옛날 우리 엄마가 했던 말처럼 아내도 똑 같은 말로 푸념한다. '이게 다 내 팔자려니' 말이다. 아내는 정신력으로 버틸 수밖에 없는 현실을 운명처럼 받아들인다. 옆에서 지켜보는 나는, 이럴 때면 여자로 태어나지 않는 게 천만다행이라는 생각이 절로 든다.

손자육아, 중년의 부부라면 누구나 한번 쯤 경험해 보는 의무일 수 있지만 막상 우리 일이 되고 보니 생각만큼 쉽지 않다. 노후 계획에 대한 궤도수정은 물론 지금까지 쌓아온 인간관계도 일시적이나마 단절되고 있다. 그렇다고 이 일을 포기하거나 외면할 수도 없다. 손자의 재롱은 그 무엇과도 바꿀 수 없는 기쁨의 선물이기에 다른 사람에게 쉬이 맡길 수도 없다.

　지금 우리사회에서 저출산은 당면하고 있는 가장 큰 문제다. 손자육아를 실제 경험해보니 애를 많이 낳자고 할 수 없다. 손자육아는 누군가의 희생과 헌신을 담보하기에 저출산은 한 가정의 문제이면서 욕망을 위해 내달리는 사회전체의 문제이다.

　아내가 카톡으로 올려주는 손자의 재롱을 보면 온갖 걱정이 순식간에 사라진다. 손자의 환한 모습은 한 떨기 꽃이다. 그 꽃은 할머니의 정성, 사랑, 염원이 거름되어 피어났을 것이다.
　아내가 손자육아를 무사히 마치고, 건강한 몸으로 일상의 자리로 돌아오는 그날을 기다리며.

기억의 첫걸음

기억은 요술쟁이와 같다. 아니 기억은 살아있는 생명체다. 인생의 어느 순간에서 기억하고 싶지 않는 사건은 이상하게 더욱 더 잘 떠오른다. 왜 의지의 개입도 없이 기억은 깨어나서 이야기를 걸어오는 것일까.

큰 아들이 베트남 다낭으로 신혼여행을 갔다. 여행에서 돌아오는 날이 어버이날이지만 다음날부터 근무를 해야 하므로 집에 올 수 없다고 한다. 어쩔 수 없으니 그러려니 했다. 얼마의 시간이 지난 후 집으로 선물을 보낸다는 말을 전해 들었지만 그냥 지나가는 말인 듯 흘러 보냈다. 막상 선물이 도착했을 때 선물포장을 뜯어보니 아내의 물건만 달랑 있었다. 막 결혼한 아들 내외와의 첫 번째 감정의 만남은 즐거움 속에 섭섭함이 배시시 스며드는 기억으로 남았다. 아마 아들 녀석의 기억에, 그동안 아빠는 늘 주는 사람이었기에 선물이 필요 없거나 선물이 주는 조그마한 기쁨에 둔감한 사람으로 비쳐져 있었는지 모를 일이었다.

그동안 살아오면서 참 다양한 사람을 만났다. 삶이라는 관계의 사다리에서 순간순간 만났던 사람마다 알게 모르게 주고받은 감정이 서로에게 새겨져 있을 것이다. 심리적 가까움과 거리감, 기대감과 섭섭함, 기쁨과 실망, 따뜻함과 냉담함 등… 어떤 만남은 마치 오랫동안 기약되어 있었던 운명처럼 이유를 알 수 없는 끌림으로 다가왔다. 그런 인연일지라도 어느 순간 기억의 저편으로 희미하게 밀려나 버리고 말았다. 그러니 지금은 기억나지 않은 사람이라도 인연의 매듭이 매어지기 전까지 많은 감정의 교류가 있었을 것이다. 한동안 까맣게 잊고 있었던 사람인데도 어느 순간 기억이 튀어나오는 경우가 있다. 이런 감정은 나의 어디에서 저장되어 있다가 불현듯 나타나는 것일까.

그 사람과 인연이 있었다란 의미는 아련한 기억의 현재진행형이다. 장기기억 속에 저장되어 있기에 가능하다. 사람들과 관계망 속에 있는 한, 끊임없이 서로 만나서 인연을 만들고 매듭짓고 살아갈 수밖에 없다. 이 나이가 되니 사람과의 관계가 참 묘하다고 느낄 때가 많다. 수많은 만남 중에서 왜 처음부터 끌림이 생기는지, 그 이유는 알 수 없는 신비로 남아 있다. 아마도 기억 속에 저장되어 있는 어떤 끌개와의 궁합에 의해 많이 좌우되는 듯하다. 하지만 그 끌개가 어떻게 형성되었는지는 모를 뿐이다. 불가佛家에서는 길거리에서 옷깃을 스쳐도 전생에 몇 겁의 인연이 있어야 된다고 한다. 오늘날 직접 만나는 사람들의 수는 과거와 비할 수 없이 많다. 게다가 옛날에는 상상도 못했던, SNS으로 접촉되는 사람들은 또 얼마나 많은가. 이런 만남은 어떤 시절인연으로 맺어왔기에 이렇게 만날 수 있는 것일까.

어떤 사람을 좋아하고 미워하는 이유도 다 인연이 있어서 그렇다는데 인연이란 게 무엇인지 갈수록 알쏭달쏭하다. 인연을 만든 끌개도 기억이라는 심연의 공간에 저장되어 있었기에 그리 되었겠지만 새삼 익숙해진 인연으로 만나게 된 까닭이 궁금해진다.

지금까지 살아오면서 나의 눈, 귀, 코, 입 등, 몸의 기관을 통해 들어왔던 모습, 소리, 냄새, 맛, 감촉으로 얻어진 정보들은 뇌의 어디에 저장되어 있는 것일까. 아니면 그 정보들은 몸에 아무런 흔적도 남기지 않은 채 사라졌을까. 주고받은 정보들은 가치판단의 기준에 의해 좋거나 싫다는 분별을 거쳐 사랑, 미움 같은 이름으로 가면을 쓰고는 몸의 어느 장소에 기억되어 있다고 한다. 기억되는 방법은 현재와 과거의 기억이 늘 혼재되어 있는 사실로 미루어 보건대 순차적으로 저장되지는 않는 듯싶다. 불쑥 오래된 기억이 떠오르는가 하면 최근 기억이 떠오르지 않는 경우도 있다. 오래 전 명상 수련을 할 때였다. 처음 눈을 감고 한 곳에 집중하려고 의지를 낼수록 생각들은 마치 호수에 던져진 돌이 일으키는 파문처럼 꼬리를 물고 번져갔다. 계속 집중에 들어가니 생각들은 점차 줄어들었다. 그럴 때조차도 어느 순간 까맣게 잊고 있던 오래된 기억들이 불쑥 튀어나와 당황스러웠던 적이 있었다.

우리가 경험하는 모든 정보들은 기억으로 남아 있겠지만 기억할 수 없는 경우가 대부분이다. 기억되어 있는 정보들도 점차 새로운 기억에 밀려 어디론가 떠밀려갔다가 어떤 조건에 합치되는 순간 불쑥 튀어 나오게 된다. 이처럼 뇌가 기억해내는 방법은 과학의 영역 내에 있을지 모르겠지만 기억이라는 과정은 무척 신비로운 영역으로 느껴진다.

오늘날 곳곳에 설치되어 있는 CCTV 등 온갖 카메라에서 획득되는 정보를 저장하기 위해서는 엄청난 기억저장공간이 필요하다. 하물며 한 개인이 평생에 걸쳐 획득한 정보의 양은 가늠할 수 없다. 더욱이 시대가 바뀌면 정보의 양도 늘어난다. 옛날 사람이 평생에 걸쳐 볼 수 있는 사람의 숫자나 정보를 오늘을 사는 우리는 거의 하루 만에 경험한다고 한다. 반면 인간이란 생물학적 몸은 옛날이나 지금이나 그대로다. 그럼에도 그 많은 정보를 여전히 한 주먹밖에 되지 않는 뇌에서 처리하고, 기억하고, 계속 가공하고 있다고 하니 참으로 놀랍다.

몸에서 기억을 담당하고 있는 곳은 해마가 위치하고 있는 변연계다. 해마는 단기기억을 장기기억으로 변환시키는 역할을 한다고 한다. 단기기억이 일어나지 않고 섬처럼 분리된 장기기억 속에서만 사는 상태를 치매라고 부르는 모양이다.

인생의 나이테가 늘어날수록 슬픈 기억이 더 많은 것 같다. 기억이 주는 고통에서 벗어나기 위하여 의식 너머 잠재되어 있는 기억을 제거할 수 있으면 참 좋겠다. 최근에 사람의 기억을 바꿔치기했을 경우 그 사람이 누구인가에 대해 논쟁을 벌였다는 기사를 읽은 적이 있다. 그럼 기억이 곧 그 사람이라고 정의하는 것일까.

큰 아들 내외와의 감정의 첫 번째 마주침에서 일어난 서운함은 표현되지 못한 채 나의 기억 어딘가에서 잠자고 있을 것이다. 돌이켜보면 지금껏 아들에게 심어준 나의 모습이 아들을 통해서 나에게로 다시 돌아왔을지 모를 일이다. 아들은 선물이란 개념 속에서 많은 고민을 했을 수도 있다. 선물이란 단어와 아버지를 연상시키지 못했을지 모른다. 아니면 아버지한테 처음으로 해야 될 선물비용의 과중한 심리적 무게 때문에 생략했을지 모른다. 이래저래 아들의 기억을 통해 비쳐진 나의 모습과 내가 생각하고 있는 나의 모습은 서로 간에 차이가 있다는 사실을 알게 되었다. 앞으로 살아가면서 아들과 아빠 간에 생길 수 있는 미묘한 감정의 간극을 얼마만큼 조화시켜 갈 수 있을까. 사람은 기억하는 범위 내에서 감정을 표현할 수밖에 없고, 입력되는 정보에 의지하여 기쁘기도 하고 미워하기도 하니 말이다.

결국 아들의 기억 속에서 나는 어떻게 기억되어 있으며 앞으로 어떤 모습으로 기억되며 살아가려는지 자못 궁금해진다. 누군가에게 기억되어 있거나 기억되어 가고 있는 나는 누구일까.

잡초와 함께

참으로 거머리 같이 끈질긴 녀석들이다. 궁하면 통한다는 말이 있지만 적어도 이 친구들한테는 통하지 않는 말인 듯싶다. 몇 년 전 시골에 조그마한 집을 지었다. 주말에는 번잡한 도시를 떠나 텃밭을 가꾸면서 일상의 소소한 행복을 꿈꾸었는데 생각지도 못한 복병을 만났다. 이름조차 제대로 불리어지지 못하는 이 나약하고 하찮은 철부지들을 보기만 하면 시골에서 농사를 짓고 자란 아내는 마치 원수를 만난 듯 아우성이다. 읍내에서 자라 농사를 어깨 너머로 조금 아는 나는 이게 웬 대수냐 하면서 그다지 독한 마음을 내지 않는 편이다. 어쩌면 아무 소용이 없는 이 도깨비 같은 녀석들 때문에 부부의 신경전은 봄날 죽순이 올라오듯 돋아난다.

조그마한 텃밭에 철마다 이름 모를 풀들이 나타나지만 하찮다고 무시할 수 없다. 이들에게도 마치 지능이 있는 듯 생존전략이 있다. 땅주인 눈치를 슬금슬금 보다가 야금야금 자란다. 잠시 방심하는 순간 자기들만의 아지트를 곳곳에 만들어 놓는다. 그쯤 되면 번식하는 속도는 손이 따라갈 수 없을 만큼 빠르다. 주말에만 일을 하다 보니 여름날 한 주만 건너뛰면 텃밭은 풀과 작물이 뒤죽박죽 섞여 버린다. 그럴 때마다 아내의 확신에 찬 말들이 흘러나온다. "그 봐, 놔두면 안 된다고 했잖아" 하면서 나를 바라보는 눈빛에는 내가 없어져야 할 잡초의 친구라도 되는 듯 한심하다는 마음을 담고 있다. 그럼에도 수술로 환부를 도려내듯이 풀들을 뿌리째 뽑아 버려야 한다는 말에 가슴깊이 수긍하지 않는다. 아내의 말을 크게 귀담아 듣지 않는 나처럼, 풀들 또한 우리의 노력에 고분고분하지 않는 게 서로 닮았다.

몇 년 전 아로니아 나무를 사서 밭에 심어 놓았다. 올해는 아로니아 열매를 약간 수확할 수 있을 것 같아 왠지 마음이 부풀었다. 어느 날 나무 사이 고랑과 나무 주변에 풀이 듬성듬성 보이기 시작했다. 바쁘다는 핑계로 차일피일 미루다가 뽑기를 작정하고 밭에 가보니 감히 범접할 수 없을 정도로, 그야말로 풀들의 세상을 만들어 놓았다. 어쩔 수 없이 한 해를 묵혔다. 해가 바뀌자마자 풀들과의 싸움에서 진저리가 난 나머지 나무 고랑 사이마다 종이박스를 깔고 그 위에 차광망을 덮었다. 이 정도 방어막을 구축해 놓으면 잡초 뽑기의 고생은 끝이라는, 참으로 순진하게 안도의 쾌재를 속으로 불렀다. 웬걸, 회심의 일격을 비웃기라도 하듯 그런 가혹한 조건에서도 잡초는 차광망 사이의 빈틈이나 나무 사이의 빈곳마다 쑥쑥 자라나고 있는 것이 아닌가. 맥이 풀리는 느낌이 들었다.

이래저래 주말에는 이 고얀 놈과 씨름하느라 대부분의 시간을 보낸다고 해도 과언이 아니다. 그야말로 모진 악연을 만나 전원의 여유로움은 온데 간 데 없어지고 말았다.

농사에서 수확은 인내의 열매다. 조그마한 농사라도 제대로 알고 지어보자라는 생각에 친환경농업교육을 신청했다. 농사에 경험이 많은 동기생한테서 풀과의 싸움에 대한 귀동냥도 듣고 농업현장을 직접 체험하는 기회를 가졌다. 뜻밖에 성가신 잡초한테 나쁜 점만 있는 것이 아니라 내가 모르는 유익한 점도 있다는 사실을 알게 되었다. 그동안 잡초와 씨름하느라 좁아져 있던 농사에 대한 나의 관점이 바뀌는 순간이었다. 심지어 잡초도 생태계의 일원인데 그동안 걸맞게 대우해 주지 못했다는 미안한 마음마저 들었다. 사실 잡초가 나지 않는 땅은 죽은 땅이다. 농부들이 잡초를 제거하는 가장 큰 이유는 생명력 왕성한 잡초가 땅에 있는 영양분을 먼저 흡수해서 농작물에 해가 된다고 생각하기 때문이다. 경험상 잡초와 작물 간에 영역을 구분하지 않을 경우 물, 햇빛을 서로 먼저 차지하려는 치열한 쟁탈전이 일어나고 대개 잡초의 승리로 끝난다. 아마 잡초에게는 야생의 생존능력이 살아 있기에 그런 것이 아닐까.

날 때부터 잡초와 작물이 구분되지 않았다. 아득한 옛날 신농씨가 식물의 잎과 줄기의 맛을 보고 작물과 독초를 구분하였다고 하는 이야기가 전해져 오듯이 작물과 잡초의 구분은 인간의 필요에 의해 이루어졌다. 잡초는 얼마든지 약초가 될 수 있는 가능성이 있는 열린 존재다.

아직 초보농사꾼이라 때가 묻지 않아서 그런지 잡초가 가진 성질을 잘 살려서 농사에 활용해 보면 좋겠다는 생각이 든다. 풀들은 땅속에 뿌리를 내리면서 토양 속에 무수한 공기구멍과 물길을 내므로 토양이 숨 쉬게 되고 미생물이 증가하게 된다. 시간이 지나면 토양은 좋아지겠지만, 당장 결실을 거두야만 되는 농업현실에서 식물과 잡초의 공존은 어려운 여건이다.

짧은 소견일 수 있지만 잡초와 식물이 서로 경쟁을 할 때 자연의 질서가 유지되도록 개입을 최소로 해보면 어떨까. 잡초를 생태계 그물망의 고리로 여겨 상생하는 방법을 찾는 게 텃밭을 가꿀 때 추구해야 될 방향이라고 생각된다. 이젠 잡초가 잘 보이지 않는 농사현장을 보면 제초제나 인공이 가해진 해악이 먼저 떠오른다. 사람을 먹여 살리는 농사에서 돈이 먼저 추구되다 보니, 농업이 탐욕과 기만의 산업으로 변해 가고 있는 현실 앞에 씁쓰레한 마음만 든다.

아직은 얼치기 농사꾼에 불과하다. 하지만 잡초와의 갈등 속에 인생을 보는 눈이 깊어져 간다는 느낌이 든다. 농사를 쉽게 하고자 경쟁자인 풀들을 제거하면 농작물은 너무 좋은 환경에서 자란 나머지 오히려 나약한 놈이 되어 맛이 떨어진다. 복지국가의 구호 속에 우리만의 평등의식에 물들면 국가나 개인의 경쟁력이 떨어지는 이치라고나 할까. 풀 뽑기가 힘들어 한 방에 해결하고자 제초제를 쓰면 땅은 점점 굳어지고 오염되어 죽은 땅이 된다. 인생은 단계마다 어려움을 극복하는 과정의 연속이다. 이를 무시한 채 한방에 끝내려고 무리하면 결국 상응하는 과보를 받게 되는 것 같다. 잡초를 필요 없는 존재라 여겨 무조건 없애 버리면 생태계는 다양성을 잃게 되고 결국 농사에 손해로 돌아온다. 못난 사람이 있어야 잘난 사람이 있듯이 잘난 사람과 못난 사람이 함께 어울려 사는 세상이 조화롭다.

인생살이가 그렇듯 잡초도 늘 잡초로 있지는 않을 것이다. 개똥쑥 성분을 이용해 말라리아 백신약이 만들어졌듯이 아직은 보잘 것 없어 보이는 잡초지만 언젠가는 식물보다 귀한 보물로 대접받을 날이 올지 모른다. 지금의 나 자신은 보잘 것 없는 존재일 수 있지만 내속에 잠재되어 있는 무언가는 언젠가 누구에게 쓰임이 될 수 있으리란 생각을 해본다.

흔히 잡초 같은 놈이란 말을 한다. 텃밭을 가꾸면서 풀들의 다른 면을 알아가니 세상에는 잡초보다도 못한 사람들이 많다는 생각이 든다. 잡초, 이름도 제대로 불리어지지 못하는 하찮은 생명이지만 드러나지 않게 자신의 몫을 자연에 돌려줄 줄 안다. 나는 오늘도 텃밭을 서성거리면서 쓸모없다고 생각되었던 잡초가 보이지 않게 필요한 존재임을 깨닫는다.

그동안 관계의 그물망에서 생존하기 위해 잡초처럼 선택받지 못했던 내 안의 무언가를 찾아서 야생의 본성을 깨워 자유의 꽃을 피우게 하고 싶다.

부부, 마음의 고향을 찾아서

겨울 초입부터 시작된 메주 만들기가 끝이 났다. 저녁 무렵 금산에서 대전으로 돌아오는 길에 겨울의 시작을 알리는 첫눈이 추위를 품고서 매섭게 심술을 부린다. 동네 식당을 찾아 아내와 조촐하게 한 달여에 걸친 수고를 위로받고자 자축연을 벌렸다. 너무 추위에 떨고 피곤했는지 막걸리 한잔으로 싱겁게 끝이 나고 말았다.

메주를 띄우기 위한 발효실까지 갖춘 아담한 작업장을 먼저 지었다. 이어서 가마솥, 분쇄기, 건조기를 갖춘 후 메주를 만들다보니, 정말 가을이 어떻게 와서 갔는지 모를 정도로 메주와 함께 한 시간이었다. 예전에 메주 만들기는 겨울 초입에 치러지는 집안행사였다. 메주콩 불리고, 삶고, 찧고, 만들고, 띄우고, 말리는 과정에 온 가족이 매달렸던 기억이 생생하다. 그런 일을 우리 부부가 주말을 이용하여 거뜬히 해낸 셈이다.

몇 년 전이었다. 퇴직 후 새로운 보금자리를 찾는다면 인간관계에 의지하지 않고 나의 자유의지대로 살 수 있는 시골로 내려가 흙을 밟으며 살아보자는 생각이 들었다. 틈나는 대로 대전 근방을 중심으로 이리 저리 땅을 알아보았다. 때마침 취미를 같이 하는 지인이 삼촌의 땅을 소개해 주었다. 땅과의 인연이 있었는지 나를 포함한 세 사람이 땅이나 한 번 보려고 현지에 갔다가 땅을 사겠다는 약속을 덥석 하고 말았다. 참으로 세상물정 모르는 사람들이었다. 나도 아침에 아내에게 땅 보러 간다고 이야기했다가 저녁에 땅을 샀다고 말했으니 지금 돌이켜 봐도 황당한 나머지 한심하다는 말 외에 달리 할 말이 없다.

문제는 그 다음이었다. 그저 월급만 받고 도시에서 편하게 살아온 사람들이 집을 짓겠다는 막연한 생각은 철부지 짓과 다름없었다. 전원주택지는 대개 산지에 있어 착공 후 일 년 이내에 집을 지어야 한다. 군청에 착공서류를 접수시킨 후 기초 콘크리트를 치고 정화조를 묻었지만 집짓는 과정을 잘 모르니 안개 속을 걷는 것처럼 답답하였다. 그럴수록 내 마음 깊숙한 곳에서는 귀거래사가 읊어지고 있었다. 어쨌든 일은 조금씩 진행되어 세컨드하우스 형태의 집을 짓는 것으로 마음을 정했다. 그때는 회사일이 워낙 바빠 집을 짓기 전에 현장소장 얼굴 한 번 보고, 다 짓고 나서 인사한 게 전부였다. 집이란 돈을 많이 들여 짓든 싸게 짓든, 건축과정을 꼼꼼히 살펴보고 주인 의견도 반영해야 하는데 그냥 남의 처분에 맡기는 꼴이었다. 우여곡절은 있었지만 시골에 언제든 갈 수 있는 집이 생겨났으니 또 다른 삶이 시작되는 것 같아 기분이 좋았다.

우리 동네는 금산에 있다. 대전에서 자가용으로 채 한 시간이 걸리지 않는다. 집이 위치하고 있는 곳은 산안리山安里로 해발 약 400미터 산언저리다. 이름 그대로 산이 편안할 정도로 청정하고 궁벽한 지역이라 주변에 공장이나 축사가 보이지 않는다. 밤에 하늘을 보면 가끔 하늘에 물감을 뿌린 듯 별들이 쏟아져 흘러내리는데 어린 시절 호기심으로 보았던 밤하늘을 떠올리게 한다. 처음 집 짓고 나서는 이웃이 없고 시골생활도 낯설어 주말에만 가곤 했다. 우리 부부가 최초로 하룻밤을 자기로 작정한 날, 천지에 별빛과 달빛을 제외하곤 우리 집 불빛이 유일했다. 집에서 불을 끄니 온통 깜깜했던 기억이 지금도 생생하다.

일주일마다 시골에 가면 늘 일들이 기다리고 있다. 삽질이나 괭이질 같은 원초적인 일을 하는 순간에는 머릿속에 머물고 있는 잡생각들이 눈 녹듯이 사라진다. 어릴 적 부모님이 밭일을 시키면 어떻게든 하지 않으려고 궁리했는데, 힘든 일을 스스로 하니 인생이 참 묘하다. 이젠 텃밭에서 나는 채소와 과일로 한 철 먹을 수 있고, 겨울엔 난롯가에서 커피도 한 잔 할 수 있는 여유가 생겼다. 처음 집 주변을 꾸밀 때 백 가지 식물은 있어야 하지 않을까하는 생각에 길을 가다가도 묘목만 보면 마구잡이로 사서 심었다. 나무들이 서서히 자리를 잡아가는 모습을 보니 주인만큼이나 투박하고 여유가 없어 오히려 나무한테 송구한 마음이 들 때도 있다.

어느 해 문득 된장과 같은 장류醬類는 대부분의 사람들이 시골부모한테서 가져다 먹는데 그분들이 돌아가시고 나면 어떻게 할까라는 생각이 떠올랐다. 우리 집도 어머니가 돌아가시고 난 후 어쩔 수 없이 장을 사서 먹었는데 입에 맞는 전통의 맛이 아니었다. 아내에게 청정한 시골의 이점을 살려 된장을 만들면 좋겠다는 생각을 말했는데 가슴에 깊이 새겼던 모양이었다. 그 후 장독을 마련하고, 천일염의 간수를 빼면서 된장 만들 준비를 차곡차곡했다.

시골을 나들이 삼아 둘러보면 집집마다 된장, 고추장을 만들 줄 알지만 그냥 해오던 방식에 머물고 있다. 우리가 늘 먹는 장은 음식문화의 뿌리이고, 우리의 몸과 정신, 전통문화와 밀접한 관계를 맺고 있는 소중한 자산이다. 시골에서 어르신들이 경험으로 알고 있는 장 관련 지식을 체계적으로 정리하면 꽤 좋겠다는 생각이 든다. 옛날부터 이어져 온 전통을 계승하면서 새로운 장을 만드는 일은 나름의 의무감에 호기심까지 더해져 몸은 힘들어도 기분은 좋았다.

남자는 퇴직하면 디디고 설 땅의 면적이 좁아진다는 사실을 이번 작업장을 만들면서 실감했다. 회사에서 일로 형성된 인간관계는 이번 일에 도움이 되질 못했다. 시골생활에 맞게 새로운 네트워크를 만들어야 하는 필요성을 절감했다. 하지만 몇 십 년간 살아왔던 배경이 서로 다른 사람들한테 선뜻 마음의 문을 열고 다가가기에는 내키지 않는 벽이 있다. 흙냄새를 맡는 자유만큼이나 공동체와 더불어 꽃동산을 만들고 싶지만 당분간 마음만 간직하고 싶을 뿐이다.

도시와 시골에서 서로 다른 생활을 할 준비는 어느 정도 되었지만 시골생활에 뿌리를 내리기 위한 노력도 필요하다. 간단한 요리하기, 기초적인 공구 다루기, 산을 오고 가면서 만나게 되는 약초이름 알기…. 일주일에 한 번 시골에 내려가면 쉼 없이 몸을 움직여도 해야 할 일들은 좀처럼 줄어들지 않는다. 어느날부터는 생각을 좀 바꾸었다. 시골일이란 늘 쌓여있는 것이 당연하기에, 일을 찾아서 하기 보다는 억지로라도 여유를 누리면서 쉬엄쉬엄 일을 하는 게으른 농부가 되는 것이다. 틈나는 대로 시골의 소담한 맛집을 찾아보고, 덩달아서 시골구석 어딘가에서 예스런 가치를 지니고 있는 기억의 파편을 발굴하고 싶은 욕심도 생긴다.

귀촌생활을 꿈꾸는 우리 부부의 소박한 바람을 격려라도 하듯 봄바람이 얼굴을 스친다. 따뜻한 봄바람에 꽃가루가 사방으로 날아가 새로운 생명을 틔우는 것처럼 우리의 다짐이 서로의 삶속으로 날아가 꽃을 피웠으면 좋겠다.

시골과 도시생활, 쉽지 않겠지만 도시생활에 젖어, 망각되어 버린 마음의 고향을 찾아가기 위해 우린 그런 길을 뚜벅뚜벅 걸어갈 것이다. 그러다 어느 날 인연의 매듭이 풀어지듯, 이승과 저승의 갈림길이 있는 어떤 산모퉁이에 이르게 될 날이 오겠지.

04

여행의 무늬를 그리며

인생의 쉼표

한라산의 하늘을 보다

늘 삶의 어딘가에서 쉼표가 필요한 순간이 있다. 그럴 때는 인생살이에 답답한 뭔가가 알게 모르게 깊숙이 들어와 쌓여 있다는 증거다. 그럴 경우 나는 바다로 간다. 끝없이 펼쳐져 있는 바다의 일렁이는 파도를 보면서 허전함을 달래는 편이다.

동해 바다는 거칠고 광활하다. 그곳으로 가면 나란 존재가 한없이 왜소해져 온갖 번뇌가 가볍게 느껴진다. 맺힌 감정을 거친 바다에 던져서 날려버릴 수 있다. 시원한 바다, 황량한 주변풍경, 비릿한 바다내음이 어우러져 사람간의 관계에서 생긴 고뇌를 날려버리기에 좋다. 남해나 서해는 그냥 보이는 모습만 다를 뿐이지 별다른 느낌으로 다가오지 않는다.

제주도는 특이하다. 지형부터가 육지와는 판이하게 다르고 바다가 주는 풍경도 독특하다. 이국적이면서도 이국적이지 않고 속세를 떠나지 않으면서도 속세와 분리되어 있다는 느낌을 들게 해 준다. 묵은 번뇌를 감싸 안아주면서 묘하게 사라지게 만들어버린다.

제주도 바다는 한라산이 있기에 더욱 더 특별한 바다가 되었다. 제주도 바닷가에 서면 사람의 마음을 안아주고 보듬어 주면서 한라산의 너른 품으로 데리고 가서 백록담처럼 고요한 마음을 닮게 해 주는 듯하다.

몇 번이나 제주도에 갔지만 저 멀리서 우뚝 솟아 있는 한라산 백록담까지 올라가겠다는 생각은 들지 않았다. 어느 해 겨울에 한 번 올라가려다가 눈 폭탄으로 등산로가 폐쇄되는 바람에 '사라오름'까지 오른 정도로 만족하고 아쉽게 발걸음을 돌린 적이 있었다. 제주도 여행은 보통 3일 내지 4일 정도로 짧은 편이다. 정상을 한 번 갔다 오면 다른 일정이 빠듯하기에 등산을 생각하지 않았던 것 같다. 여름이 지나고 나자 갑자기 백록담의 실제 모습을 보고 싶었다. 한라산의 '설문대할망' 여신이 이제 올라와도 된다는 메시지를 보낸 것처럼 느껴졌다.

몇 년 전 정상에 오르기 위해 기점으로 잡았던 성판악 코스로 출발점을 정했다. 주차장은 이미 진입불가로 약 200미터 떨어진 도로가에 주차를 했다. 입구에 도착하니 10시가 채 되지 않았다. 금잔디 휴게소까지 12시 30분까지 도착해야 정상으로 갈 수 있다는 커다란 안내판이 보였다. 얼마나 걸릴지 모르기에 쉬지도 않고 길을 재촉했다. 길은 샛길 없이 허용된 등산길로만 갈 수 있다. 주위를 둘러보니 굴거리나무가 제법 군락을 이루고 있고, 어느 순간, 주변은 온통 조리대 천지다. 도토리가 쉴 새 없이 소리를 내며 떨어진다. 저 도토리에도 제주의 바람, 태풍, 천둥이 들어가 앉아 저렇게 소리를 내는 것인지도 모른다. 시간이 촉박하여 더 이상 주위에 눈길을 줄 틈도 없이 오르고 또 올랐다.

마침내 금잔디 휴게소에 들어섰다. 12시 37분이었다. 뜻밖에도 등산로를 지키고 있는 국립공원관리직원은 우리에게 올라갈 수 없다고 단호히 말한다. 황당했다. 나는 자동차 속도도 허용되는 오차범위도 있고 항공시간도 승객의 사정에 의해 늦어질 수 있는데 7분 정도 늦은 것 가지고 입장을 시켜주지 않으면 어떻게 하냐고 항의를 했다. 직원은 1분이 늦어 못 간 사람도 있다고 하면서 조금씩 편의를 봐주면 끝이 없다고 더 단호하게 말을 했다. 통사정과 논리를 던져보지만 의외로 태도가 완고하다. 작전을 바꾸었다. 원칙과 입장을 수긍한다고 하면서 인간적으로 부탁을 해 본다. 나도 간간佩佩한 편이라고 생각하는데 나보다 더한 깐깐한 사람이다.

 계속 말을 하면서 방법을 찾아보았다. 상대방이 우려하는 문제는 안전이었다. 같이 가는 일행을 책임지겠다는 말에, 순간 틈이 보이는 듯했다. 우선 뒤쪽에 앉아있는 등산객 중에서 정상까지 가고 싶어 하는 분이 몇 분이나 되는지 알아보겠다고 말했다. 저 멀리서 우리 대화를 주시하고 있는 분들을 향해서 "정상가실 분은 이쪽으로 한 번 와보세요."라고 소리쳤다. 직원은 마치 내가 보내주는 것 같다고 말을 하지만 나의 제안에 관심 있어 했다. 정상까지 가겠다는 사람은 우리 부부를 포함해 6인이었다. 주민등록증을 맡기고 갔다 오겠다고 하니 마침내 허락하면서 2시까지는 정상에서 내려와야 한다고 말한다.

 1시간 반 만에 정상까지 가야 하는데 꽤나 빠듯한 시간이었다. 등산로는 완만한 경사에서 난이도가 높은 비탈길로 이어졌다. 한번 앉아서 쉬지도 못하고 올라가다 보니 정상을 목전에 두고서 기진맥진해졌다. 마침내 백록담과 바다가 한 눈에 보이는 정상에 올랐다.

 순간 맑은 가을하늘을 볼 수 없을 정도로 하얀 뭉게구름이 하늘을 가득 채웠다. 아래를 보니 키 작은 관목도 서서히 노랗게 물들기 시작하고 있었고, 엉겅퀴를 닮은 야생화도 지천에 피어 있었다. 백록담은 한 쪽 귀퉁이에만 물이 조금 고여 있었다. 기대했던 모습은 아니지만 힘들게 도착한 우리를 포근히 감싸 안아 주는 듯했다. 저 멀리 너른 중산간지대가 보이고 그 밑으로 점점이 박혀 있는 인간세상, 그리고 바다가 에워싸고 있다. 한라산을 오른 걸 축하라도 하듯 하늘은 연신 하얀 솜사탕 같은 구름으로 순간을 연출한다. 살갗에 닿는 바람은 춥지도 덥지도 않고, 강하거나 약하지도 않은 게, 그냥 딱 좋은 바람이다. 선계가 따로 없다. 선계가 있다면 이런 모습을 보고 선계라고 하지 않을까. 그냥 여기서 한없이 하늘과 산의 기운을 느끼면서 머물고 싶었지만 시간이 다 되었다고 하산하라는 독촉이 제주 바람처럼 거세다.

한라산은 밖에서 볼 때는 그냥 하나의 큰 산일 줄 알았는데 속으로 들어와서 보니 평원도 있고 엄청 많은 오름으로 구성된 거대한 산이었다. 올라갈 때는 시간의 압박감으로 몸의 상태를 몰랐는데 내려가자니 서서히 종아리 근육부터 당기기 시작했다. 내려가고 내려가도 끝이 없는 듯, 완만한 길로 이어졌다. 주위를 둘러보니 풍경은 의외로 단조로운 모습일 뿐이다. 어느덧 조금씩 어둠이 내려앉을 무렵 성판악 입구에 다다랐다. 왕복 8시간 30분. 긴 시간은 아니었지만 오래된 숙제를 푼 것 같았다.

정상을 바라보았다. 이제 한라산은 내게 먼 존재가 아니고 늘 가까이 있었던 산으로 다가왔다. 제주의 어느 곳에서 한라산을 보더라도 먼 산이 아닌 나의 산이 되어 있기에, 내 기억의 한 곳에서 선명하게 늘 있을 것 같다. 한라산으로 인해 바닷바람은 제주의 바람이 되었고, 한라산은 바다가 있어 한라산이 되었다. 한라산은 너른 품으로 지친 나를 안아주고 어루만져 주었다. 한라산에서 풍파에 매이지 않는 여유를 느꼈고, 한라산이 만들어놓은 바다에서 세파에 휩쓸리지 않는 지혜를 조금 얻은 것 같다. 이제 한라산은 모처럼 마음을 먹고 가는 산이 아니라 불쑥 찾아가도 어색하지 않는 친구 같은 산이 되었다.

살다보면 가끔 마음이 멍멍해지는 때도 있고, 삶의 무게로 어깨가 무거워지는 순간도 있을 테다. 그럴 때 한라산 정상에서 마주했던 산바람, 넓은 품새, 끝없이 펼쳐져 있는 바다를 떠올리며 인생의 쉼표를 찍고 싶다.

태백의 밤하늘
'오만원'
냉면을 시키고 나서 메뉴표를 보았다. 10년 전쯤이었으니 냉면 한 그릇 가격은 당연히 오천원이겠지 생각했다. 얼핏 보니 동그라미가 하나 더 있는 듯해 보였다. 우리 모두의 눈빛은 설마라는 소리를 불러내는 듯했다. 잘못 쓴 숫자거니 생각하면서도 끝내 진위를 캐고 말겠다는 의지로 종업원을 불렀다. 오만원이라는 말을 듣는 순간 머릿속은 번개가 치고 난 다음 일어나는 천둥소리처럼 요란스러웠다. 일순 식당을 나가야되겠다는 생각마저 들었다. 다들 얼굴에는 놀람과 당혹감이 베여있었다. 세상사를 헤쳐오면서 쌓아올려진 남자들의 자존심이 아니던가. 일상에서 벗어난 여행이기에 돈의 제약으로 안방마님들의 마음을 무겁게 해주고 싶지 않았다. 그 냉면은 그때까지 먹어본 냉면 중에서 가장 비싼 냉면이었고 아마 앞으로도 그럴 것 같다.

가족간의 정을 이어주던 어머니가 돌아가시고 난 다음 세상사에 바빠 무심코 묵혀 놓은 형제간의 옛정을 생각하게 되었다. 이제 여름휴가를 작은형 내외와 함께 다닌 지도 거의 10년이 되었다. 태백은 거의 단골 휴가지다. 오래전 강원랜드에서 있었던 그 사건은 여름휴가 중에 늘 우리를 웃게 만드는 추억이 되어 있다.

올해도 강원랜드에서 묵었다. 사방에서 기상관측이 있고 나서 최대의 폭염이라고 아우성이지만 태백의 밤기운은 그 열기를 식히기에 충분히 남음이 있었다. 언제나 그렇듯 그 냉면 사건을 끄집어내 회상하고는 무더위로 무거워진 마음에서 빠져나와 어린 시절로 되돌아 간 듯 즐거워했다. 여름날 태백은 그냥 태백산 언저리에서 시원한 몇 줄기 바람만 마시고 떠나가도 위로가 되는 곳이다.

강원랜드 바로 인근에 만항재가 있다. 고산지대에만 피어나는 꽃들이 지천에 널려 있어 천상의 화원이라 불리어지는 곳이다. 여기에 들어오면 인간살이로 더워진 마음을 사방에서 불어오는 산바람으로 저절로 식힐 수 있으니 정말로 속세를 떠난 천상처럼 느껴진다. 이곳은 함백산과 태백산의 중간이라 함백산과 태백산을 모두 손으로 잡을 듯 볼 수 있다. 우리나라에서 차로 올라가는 고갯길 중에서 가장 높은 재이며 가리워지지 않은 하늘과 정면으로 맞닥뜨릴 수 있다.

늦은 밤 10시, 우리는 만항재에 돗자리를 폈다. 누워서 하늘을 올려다 보았다. 하늘이 다 담지 못해 쏟아낼 듯 별들은 촘촘했다. 우리는 어린아이들처럼 하늘의 천문에서 별을 찾기 시작했다. 화성, 목성, 토성, 북두칠성과 북극성, 십자성, 카시오피아.

저 많은 별들 중에서 우리가 아는 별의 이름은 황당하게도 손가락 갯수를 넘지 못했다. 우리가 속해 있는 은하계는 안드로메다 성운 옆에 있는 '우리 은하계'라는 사실도 처음 알게 되었다. 별들의 이름을 아는 지식이 손가락 갯수를 넘는다고 해서 천문天文지식은 더 많아지지 않을 듯 했다. 아니 태백 밤하늘의 별은 지식의 확장이라는 인간의 노력이 기실 무지의 폭만 증명해 줄 것 같았다. 새삼 지식의 크기는 행복과 비례하지 않는다는 생각이 들었다. 그냥 아는 별 몇 개 세어보는 것만으로도 한없이 즐거웠고 마음은 넓은 하늘처럼 포근했다.

순간 저 먼 허공에서 유성 하나가 날더니 순식간에 흔적도 없이 사라져 버렸다. 잠시 마음이 먹먹했다. 그렇다. 우리 삶도 잠깐 빛났다 사라지는 유성처럼 어디에서 시작해서 어디로 갈지 모른다. 그냥 지구라는 공간에 잠시 존재했다가 사라져 갈 뿐이다.

그러고 보니 오만원의 냉면도 기억 속에 숨어 있다가 살다가 외로움으로 힘들 때 유성처럼 떠올려질 터이다. 유성은 어릴 적 여름날 모깃불을 피워놓고 평상에서 온 가족이 비집고 누워서 찾기 놀이를 할 정도로 흔하게 볼 수 있는 별이었다. 그런 유성을 이제 도시의 하늘은 말할 것도 없고 어지간한 시골에서도 볼 수 없기에 까마득하게 그 존재를 잠시 망각했다. 아마 요즘 세대들은 유성이라는 이름을 모를 수 있을 정도로 하늘의 밝기와 세상도 변했다. 참으로 오랫만에 유성을 보았다. 유성은 세파에 찌들러진 마음을 어린 시절로 되돌아가게 하고 가족 간의 따뜻한 정으로 숨 쉬게 해주는 천상의 쉼표인 듯싶다.

셀 수 없이 많은 별과 유성을 볼 수 있는 만항재의 하늘은 보석과 같다. 행복이라는 기억 속에 고이 간직해서 두고 두고 보고 싶다. 우린 내년에 또 저 밤하늘을 보러 오겠다는 기약을 불어오는 바람에 새기고 이미 어두움에 깊게 묻혀버린 만항재를 떠났다.

가까이 있지만 너무 다른 두 섬

 능개가 내리고 있었다. 홍도항에 도착하니 안개에 비가 가늘게 섞여 흩뿌리고 있었다. 차가운 바람과 함께 능개가 몰아치니 앞도 잘 보이지 않고 일순간 춥다는 느낌이 밀려들었다.

 여행을 떠올리면 늘 산이 있었다. 산을 위주로 여행하다보니 섬을 답사하는 여행은 늘 뒷전이었다. 몇 해 전부터 섬과의 인연이 조금씩 다가왔다. 섬들은 저마다 특색이 있다. 제주도는 이국적인 느낌으로 육지와 같다는 느낌이 들고, 거제도나 강화도, 남해도와 같은 섬들은 육지와 교량으로 연결되어 있어 섬이라고 부르기에 뭔가 어색하다. 울릉도와 독도, 위도, 사량도를 처음으로 밟았다. 울릉도와 독도는 동해바다의 거친 바다를 헤치고 가야하기에 우선 멀미를 극복해야 한다. 화산암 지대지만 제주도와는 사뭇 다르며, 절해고도의 느낌이다. 기후도 육지와는 달라 색다른 볼거리가 있다. 거제도의 위도는 그냥 아름다운 섬 공원이고, 사량도는 옥녀봉 때문에 많이 알려졌지만 아직은 손때가 덜 묻은 풋풋한 섬이다. 흑산도와 홍도, 늘 한번 가보고 싶다고 생각하면서도 쉽사리 발걸음을 옮기지 못했다.

바람이 있으면 언젠가는 이루어진다. 흑산도와 홍도를 탐방할 수 있는 인연이 왔다. 그곳으로 가기 위해 목포로 갔다. 먼저 들른 유달산은 이미 벚꽃의 세상이었다. 벚꽃과 저 멀리 보이는 서해의 은빛 물결이 화사함을 주고받는다. 목포항 여객터미날은 연·근해를 오고가는 관광객들로 북적거린다. 말투에서 여기가 남도의 본고장임을 실감한다. 국립공원에 설치된 등산안내지도처럼 목포에서 갈 수 있는 섬들을 표시한 큰 지도가 걸려 있으면 좋겠는데 보이지 않았다. 목포에서 홍도까지 가는 경로를 알고 싶어 인포메이션센터를 찾아갔다. 근무자에게 안내용 지도를 부탁하니 지도가 없다고 한다. 홍보용 지도를 비치하여 여행객에게 제공할 필요가 있지 않느냐고 말하니 근무자의 대답이 걸작이다. "그런 애로사항은 손님께서 직접 시청으로 건의하셔야지요." 순간 한 대 맞은 듯 떵해졌다.

목포에서 홍도까지 소요시간은 중간에 기착하는 섬 때문에 약 2시간 걸린다. 여객선은 관광객들로 만원이다. 잔잔한 서해를 헤치며 배는 미끄러져간다. 여기 저기서 시끄러운 소리가 들린다. 술판과 함께 안주들이 내品는 냄새로 코가 힘들어진다. 마치 시골동네 장터를 배로 옮겨온 듯하다. 연해를 벗어나니 배가 제법 흔들린다. 동해만큼 심하지는 않지만, 그래도 바다다. 그러고 보니 바다에서 일어난 큰 사고는 거의 서해였다. 태안 앞바다에서 대형 바지선 침몰, 위도 훼리호 침몰, 최근의 세월호 사고 등…. 갑자기 서해가 무서운 바다라는 느낌과 함께 슬며시 긴장감이 밀려온다. 배는 파도와 싸움하느라 예정보다 좀 늦게 홍도에 도착했다.

곧장 홍도에서 가장 높은 깃대봉으로 향했다. 왕복 약 2시간이 소요

되는 거리인데 출발시간이 늦은데다가 안개마저 자욱했다. 등산여건은 좋지 않지만 언제 또 온다고 기약할 수 없기에 바로 산에 오르기 시작했다. 깃대봉은 해발 365m에 불과하지만 바다에서부터 올라가기에 육지의 산과 높이개념이 좀 다르다. 처음부터 끝까지 거의 오르막이었다. 어느덧 땀이 짙게 배어 나오기 시작할 무렵 정상에 도달했다. 정상 표지석에 한국의 100대 명산이라는 글귀가 새겨져 있다. 천지사방이 보이지 않고, 비도 점점 굵게 섞여 내리고 있어 서둘러 하산 길에 나섰다.

숙소로 정한 호텔의 식당에서 저녁을 먹었다. 회가 오늘의 주된 요리다. 소주와 함께 회가 절로 넘어간다. 누군가가 트롯 한 소절을 부르는데 박자와 음정 따위는 상관이 없다. 우리 산악대장이 의자 위로 올라가 흥을 돋우니 대구에서 온 일행이 익살맞은 춤으로 응대했다. 식당주인의 인심도 한몫 거든다. 안주 추가에도 군소리가 없다. 흥은 무르익을 때 그쳐야 탈이 없다. 슬슬 빠져 나와 술래길 탐방에 나섰다. 산비탈에 용케 자리 잡은 집들 사이로 억지로 낸 듯한 골목길을 따라 걸어갔다. 열악한 환경을 극복하기 위한 노력의 화석이다. 1시간도 채 되지 않아 섬 남쪽에서부터 북쪽까지 거의 둘러보았다. 홍도가 작은 섬은 아니지만 대부분 비탈면 경사가 급해서 사람이 주거할 수 있는 곳이 극히 제한적이라 걸을 만한 길이 없는 점이 다소 아쉬웠다. 아침 일찍부터 유람선을 타고 섬 탐방에 나선다. 홍도는 사암으로 이루어진 퇴적지형이지만 낭떠러지 형상에 기암절벽이 많았다. 홍도라는 이름을 들었을 때는 아리따운 섬이라고 생각했는데 이름과 달리 거칠은 섬이었다. 홍도는 숫처녀의 콧대 높은 쌀쌀함으로 속살을 쉬이 보여주려고 하지 않았다.

흑산도로 갔다. 흑산도는 거짓말처럼 하늘이 맑고 날씨도 온화했다.

이웃하고 있는 2개의 섬이 너무 다르다. 흑산도는 산세도 완만하고 사람이 거주하기에 좋은 환경처럼 보였다. 단지 토양이 물을 머금지 못해 논농사는 되지 않는다고 한다. 흑산도에서 미리 예약한 식당으로 이동하여 그 유명한 흑산도 홍어요리를 맛보았다. 기대가 크면 실망도 큰 법. 대전에서 먹은 홍어 맛보다 못한 듯싶었다. 홍어회는 특유의 톡하고 쏘는 느낌이 없고, 홍어탕은 보글보글한 거품을 한 숟가락 먹을 때 오는 짜릿함으로 먹는데 아무 맛도 없이 밋밋했다. 홍어전도 입안이 얼얼할 정도로 톡 싸는 느낌도 없다. 그저 그런 맛이다. 그나마 농주는 그런대로 맛이 있어 위로가 되었다.

관광버스를 타고 해안 일주도로를 따라 섬 구경을 나섰다. 관광가이드의 정감 넘치는 전라도 사투리는 경치의 맛을 더해주었다. 먼저 칠락사라는 절에 들렀다. 70대 초반의 비구니 스님이 홀로 지키는 절이지만 법력이 살아 있음을 증명이라도 하듯 곳곳에서 단아한 기운이 느껴졌다. 스님은 우리랑 동행하려는 뜻을 내비친다. 스님의 안내까지 곁들여 관광길에 나섰다. 해안은 잔잔한 바다 탓인지 곳곳에 가두리 양식장이 많다. 장보고가 축조했다는 산성을 보고 삼국시대에 지었다는 절터를 밟았다. 장보고의 활약상에 다시 한 번 놀랐다. 산언덕에 가수 이미자의 흑산도아가씨 노래 기념비가 있고, 그 앞에 전망대가 있다.

저 멀리 홍도가 희미하게 보였다. 홍도와 흑산도, 두 섬은 가장 가까운 이웃이지만 닮기를 포기한 듯 너무 다르다. 이름부터 홍도는 붉고, 흑산도는 검다는 한자로 시작한다. 홍도는 산세가 험하고 바다와 맞닥뜨리는 비탈이 매우 급하지만 흑산도는 서해의 전형적인 완만한 해안선을 가지고 있다. 홍도가 20대 여자처럼 절제된 각선미로 뽐낸다면 흑산도는 중년의 아줌마 같은 두리뭉실한 품이다. 딱히 특별하거나 그렇다고 부족하지도 않은 바다의 모습을 본다.

　목포행 여객선을 탔다. 짧은 1박 2일이었지만 긴 여행을 한 것처럼 가슴에는 바다냄새가 배였다. 국토의 최서단에 있는 홍도와 흑산도, 홍도에서 마주했던 고독한 외로움을 흑산도는 넉넉한 품으로 보듬어 주었다.

　홍도와 흑산도는 인생이란 바다의 섬이었다. 섬이란 바다에 놓여있는 조그마한 육지다. 인생은 외로움과 포근함을 안고 섬을 찾아 부유하는 놀이가 아닐는지.

울릉도와 독도를 찾아서

 울렁울렁 울릉도였다. 오래전 울릉도로 가족여행을 가기 위해 포항까지 갔으나 의외로 비용이 부담스러워 갈 수 없었던 쓰라린 기억이 있었다. 늘 한 번 가봐야겠다고 마음에 품었다.

 꼭두새벽 3시, 대전을 출발해 강릉으로 향한다. 강릉에서 아침 8시 출발하면 오전 11시경 울릉도에 도착할 수 있다. 늘 그렇듯, 여행이 시작되면 낯선 곳으로 가는데 대한 설렘과 착잡함이 교차한다. 배가 떠나기도 전에 벌써 바람이 불어댄다. 배는 항구를 벗어나자마자 밀려오는 너울성 파도와 맞닥뜨려 요동치기 시작한다. 1시간도 채 가지 못해 여기저기서 비명 소리가 들린다. 잠시 후 앞뒤에서 비명 소리가 들리더니 바로 옆에서도 신음소리를 낸다. 한 번도 멀미를 해 본 적이 없다는 자신감으로 버터 보기로 했지만, 사방에서 내는 야릇한 소리와 이상한 냄새에 속이 메스꺼워졌다. 눈을 감고 몸을 이완시키면서 호흡으로 리듬을 탔다.

 오전 11시에 도착예정인 배는 40분이나 지연되어 저동항에 도착했다. 미리 대기된 버스를 타고 도동항에 있는 숙소로 가서 짐을 푼 다음, 점심을 먹고 바로 독도로 갔다. 예상시간은 약 1시간 30분. 다들 멀미로 고생했던 기억보다는 이번에 독도에 가지 않으면 또 언제 가보나 하는 마음인 듯싶었다. 독도로 가는 뱃길은 의외로 잔잔했다. 독도까지 가도 현지의 기상상황에 따라 독도 땅을 밟을 확률은 낮다고 한다. 행운이 주어졌다. 일행 중에는 다섯 번의 여행 끝에 성공한 사람도 있었다. 독도를 밟자마자 벅찬 느낌이 파도처럼 밀려왔다. 축복이라도 하듯 바람이 얼굴을 휘감는다. 가장 동쪽의 외로운 땅은 거대한 바위와 새들의 섬이었다.

현지 가이드가 놀라운 사실을 이야기해 준다. 겉으로는 울릉도가 독도보다 엄청 크지만 물속에 잠겨있는 땅은 독도가 더 크다는 것이다. 이런 정보를 까마득히 몰랐다. 새삼 우리 지식이 얼마나 보잘 것 없는지 깨닫는 순간이었다. 하긴 불빛이 밝을수록 그림자가 크듯, 알면 알수록 모르는 것도 그 만큼 늘어나는 것은 당연한 이치인데 말이다.

신라시대, 우산국인 이곳에는 어떤 사람들이 모여서 나라를 이루었을까. 강릉(삼척)의 태수 이사부 장군은 무슨 일로 160km나 떨어진 울릉도를 점령했을까. 지금처럼 GPS가 있는 시절도 아닐 텐데, 별자리만 의지하고서 울릉도를 찾았다니 참 대단하다고 말할 수밖에 없다. 이사부 장군과 우산국왕 간에 얽힌 이야기는 두 개의 마주 보는 바위 사이에서 전설로 전해지고 있었다.

동해 바다는 묘한 마력을 지닌 바다다. 일 년에 한 번은 봐야 거친 세파에 살아갈 수 있는 힘을 얻게 해 준다. 울릉도는 푸르디푸른 동해 바다 한 가운데 우뚝 서 있다. 이번에 동해를 실컷 본다. 끝없이 푸른 바다, 근원도 알 수 없이 저 멀리서 넘실대면서 밀려오는 거친 파도를 보면 생명이 약동하는 기운을 절로 느끼게 된다. 거기에 울릉도 해안가는 참으로 기기묘묘한 바위들로 가득 차 있으니 어디서 따로 기암절경을 찾을 것인가. 선계가 있다면 여기가 선계다. 아쉽게도 역사의 흔적이 보이지 않았다. 육지에서는 괜찮은 바위마다 시와 이름으로 갖가지 추억이 새겨져 있지만 울릉도엔 그런 흔적이 없다. 대부분의 바위가 화산암으로 이루어져 석각하기 어렵고, 먹고 살기 척박한 땅에서 문화가 피어날 수 없는 현실을 엿보게 된다.

저녁을 먹은 후 도동항에서 저동항으로 이어지는 해안 산책로를 따라 걷는다. 바위를 깎아내고 다듬어 만든 길은 바다와 바람과 나무와 기암절벽, 조명이 어우러져 한 폭의 절경이다. 아직 저동항까지 연결되어 있지 않지만 그 길이 다 이어지기를 기대해본다. 저녁 늦게 도동항에서 울릉도 특산물인 오징어회로 울릉도에 온 기분을 내 본다. 울릉도와의 첫 만남이 좋아서 그런지 맥주가 잘도 목구멍으로 넘어간다. 내일 일출은 새벽 6시경, 일출을 보기 위해 아쉬운 마음으로 술자리를 마무리한다.

벌써 일출전망대에는 사람들로 부산하지만 하늘에는 구름이 잔뜩 끼어 있다. 6시에 점점 가까워져 가는데도 해가 뜰 기미가 보이지 않는다. 오늘은 구름 때문에 일출을 볼 수 없다고 미리 체념하며 내려가는 사람도 있다. 기다림 끝에 저 멀리 수평선에 어슴푸레 붉은 빛이 조금씩 묻어나더니 차츰 붉은 빛을 띤다. 불쑥 빨간 무늬하나가 서서히 솟아오른다. 구름에 반은 가려서 올라오고 있지만 일출은 일출이다. 어디 장엄해야만 일출인가. 그 대단하다는 동해일출이 이런 초라한 모습으로 나타나니 귀엽다. 세상에 존재하는 고귀한 것들도 기실 그럴 것이다. 태양도 때론 어쩔 수 없이 너무나도 겸손하게 그 빛을 수줍은 듯 숨겼다.

 울릉도의 화산폭발은 중앙부의 나래분지에서 시작되었다. 두 번의 폭발로 분화구가 메워져 나래분지가 만들어졌고, 울릉도 유일한 평지로 되었다. 이곳의 사방은 산으로 에워싸여 있고 한 가운데가 정말 움푹 접시마냥 들어가 있다. 아득히 먼 옛날 이 곳은 시뻘건 용암이 솟아오르던 곳이었지만 수많은 세월이 흘러 흔적조차 남아 있지 않다. 이제 이곳에서 자란 삼나물과 호박동동주로 무상한 기분을 달래 본다.

 해안 일주도로 탐방길에 나선다. 곳곳에서 만나는 갖가지 바위들은 저마다 이야기를 피워내고 있다. 통구미 마을의 거북바위, 옥황상제와 선녀 세 자매의 전설이 서려 있는 삼선암, 그 중 셋째바위는 옥황상제한테 미운 털이 단단히 박혀서 지금도 풀 한포기 날 수 없고, 갈매기조차 앉지 못한다고 전해진다. 관음도는 엘리베이터를 타고 올라갔다. 정상에 이르니, 저 멀리 삼선암과 죽도, 너른 동해바다와 성인봉이 한 눈에 들어온다.

 이번 여행의 하이라이트인 트래킹이다. 석포 독도전망대에서 내수전 일출전망대까지 약 1시간 30분 걷는 길이다. 거친 숲 사이로 난 산길을 따라가니 마치 원시림 속을 걷는 듯 여기가 섬이라는 사실도 잊는다. 상쾌한 숲의 내음을 맡고 음미하다 보니 어느새 마지막 종착지에 이르렀다. 저 멀리 바다를 향해 우뚝 솟아 있는 봉우리에 전망대가 있다. 전망대에 올라 거침없이 막막한 바다를 보는 순간, 인간이란 창해일속滄海一粟에 지나지 않는다는 생각이 절로 밀려온다. 이런 인간의 마음에 바다의 모든 파도를 합친 수보다 더 많은 번뇌망상이 끝없이 생겨나고 없어지면서 인생살이를 엮어 나간다. 이러니 사는 게 참으로 불가사의다. 울릉도 바다를 마음껏 내려다보고 만리창파의 힘찬 기운을 몸 속 구석구석 채워 넣는 것으로 울릉도 1박 2일 여행을 마무리 한다.

오후 3시, 강릉행 배를 탔다. 갈 때는 조류의 흐름을 타고 가기에 멀미 걱정은 하지 않아도 된다. 바다를 보고 또 본다. 어느 순간 저 쪽에서 힘차게 유영하는 한 무리의 돌고래 떼가 나타났다. 배는 가고 고래 떼는 거슬러 간다. 지극히 짧은 찰나의 순간이었지만 내 눈으로 고래 떼를 본 것은 울릉도 여행의 또 다른 행운이었다. 그렇다. 인생이란 만나고 스치고 때론 엇갈려 지나가면서, 서로의 종착지를 향해 달려가는 나그네의 길인 것을.

선재길을 가다

　초여름의 문턱에 다가섰다. 수십 년 만에 찾아온 극심한 가뭄으로 온 국토가 메말라 가고 있었다. 낙동강과 한강의 발원지가 있는 물의 고향 강원도에서도 가뭄의 피해가 심하다고 한다. 그럴수록 시원한 바람이 있는 계곡이 그립고, 죽지 않는 생명의 물을 보고 싶었다.

　강원도 오대산은 수많은 수행자들의 이야기가 묻어 있다. 벌써 '오대'라는 이름에서 조화롭다는 느낌을 받는다. 시원한 물소리, 계곡의 청량한 바람소리가 어우러져 생명이 고동치는 기운을 받으러 오대산으로 답사를 간다고 해서 먼 길을 마다하지 않고 따라 나섰다.

　화엄경 입법계품은 선재동자가 선지식 53인을 만나며 구도의 길을 나서는 이야기다. 구도자만 구도의 길을 걷는 것은 아니다. 살아가는 자체가 구도의 길일 터이다. 선지식은 사람만이 아니다. 말없이 인간의 마음을 받아주고 텅 빈 자리를 내어주는 숲이나 계곡도 선지식이라 할 수 있다. 그러기에 가끔 사람냄새가 배어 있지 않은 풍광을 찾아 속세에 찌든 마음을 바람과 물에 실어 흘려보낼 시간이 필요하다.

선재길은 오대산 상원사와 월정사를 잇는 계곡 사이에 난 조그만 옛 길이다. 길이는 약 9km. 그냥 불리어지는 이름 없이 옛적 스님들이 늘 밟고 지나던 길이었을 텐데, 전국 곳곳에 몰아닥친 무슨 길의 시리즈 편에 기대어 선재라는 이름을 붙인 듯싶었다. 햇빛마저 막는 나무 사이로 둘러싸여 있는 계곡을 따라 난 조그맣고 평탄한 길이다. 물소리 바람소리를 들으면서 대부분 흙을 밟으며 걸을 수 있는 길이다. 요란하게 인간의 자취를 새겨 만든 길이 아니다. 사람의 개입을 최소한으로 억제하여 만든 길이기에 내면의 고독을 마주하면서 조용히 걷고 싶은 순례의 길이다. 선재라는 이름처럼 걷다 보면 구도의 행각 내지 행선行禪까지는 아니더라도, 가슴에 응어리져 있거나 꼬여 있는 생각을 많이 다듬을 수 있는 길인 듯싶다.

그 길을 걷다보면 옛날부터 이곳을 지났던 숱한 수행자들의 향기와 자취 덕분에 잊혀진 내면의 울림을 느낄 수 있을지 모른다. 노자는 모습 없는 도를 골짜기에 빗대어 표현하곤 했다. 골짜기는 비어 있기에 바람과 물을 비롯해 온갖 것이 끊임없이 흘러 들어오고 나간다. 그는 천지 생성의 오묘한 작용이 텅 비어있는 데서 나옴을 보고 이런 말을 하지 않았을까.

선재길 초입에 있는 오대산 월정사는 우리나라 템플스테이의 효시라 할 수 있고 지금도 그 맥을 이어오고 있다. 계곡의 상류 끝자락에 있는 상원사는 근대에 선禪의 기치를 휘날린 경허선사의 선맥을 계승한 한암선사가 초대 조계종 총무원장 자리에서 물러난 후 평생 주석하던 곳이다. 한암선사는 6.25 동란의 와중에 상원사를 불태우려는 국군의 작전에 법당 안에서 가부좌를 튼 채 저항함으로써 절을 구했다는 일화로 유명하다. 그분의 영정을 보니 맑고 고고한 풍모가 짙게 풍겨 나왔다.

먼저 상원사를 순례하였다. 들어가는 길에서 보면 산문 입구가 보이지 않았다. 산길을 따라 올라가다 보니 어느 순간 상원사로 들어가는 길이 불현듯 나타났다. 보통 절의 가람배치와 달리 입구를 숨겨 놓고, 방향도 위로 거슬러 올라가 다시 내려오는 배치가 특이하다. 절 입구에 있는 일주문에 달마상이 떡하니 버티어 서 있다. 조각을 꽤 공들여 했는지 달마의 기품이 배어 나오고 있었다. 그 달마가 나에게 말을 걸어왔다.
'여보게 세파에 찌들려 이리 저리 흔들리는 마음이 있으면 지금 내어 보시게.'
나는 세속에 물들어버려 간절하지 않는 구도의 마음을 들킬까 봐 얼른 묵례로 시공을 뛰어넘는 인사를 건넨다.

신라 때 주조된 유명한 상원사종이 보였다. 지금은 울리지 않지만, 바람에 남아 있을 그 옛날의 소리를 듣기 위해 종 앞에 서 본다. 천년의 세월을 견뎌 왔기에 목이 메어 있는 듯 바람마저 숨을 죽인 듯 조용하다. 소리를 듣지 못해도, 순간 마음속에 미묘한 파장이 일어난다. 종이 말한다. '나의 소리는 여여하니 그대도 여여하라.' 소리를 비롯한 모든 형상은 인연 따라 나타나기에 모습에서 취할 바가 없다는 소리다. 바람 속에 숨어있는 태초의 소리처럼, 상원사 종소리는 늘 바람과 함께 있기에 어디서 따로 소리를 찾을 수 있을까.

상원사를 떠나 월정사로 간다. 월정사에서 가볍게 점심공양을 마친 후 계곡물을 거슬러 청정한 물이 흐르는 근원으로 가기 위해 선재길의 초입에 섰다.

넓고 평탄한 길을 따라서 조금 가다 보니 계곡 옆으로 선재길이 있었다. 나무들이 하늘을 에워싸서 햇볕을 가리니 시원한 느낌을 준다. 중간중간에 마을 주민들이 심어놓은 참당귀 밭을 마주한다. 참당귀를 보호하기 위해 경작지 주변으로 전깃줄을 쳐 놓고 있는데 처음 보는 모습이다. 약초는 사람만 좋아하는 것이 아니라 동물도 좋아하는 모양이다. 길은 참 편안하게 펼쳐져 있다. 3시간 정도 걷는 동안 발바닥에서 느껴지는 불편한 감각 없이 걷는 행위 자체로 행복감을 주는 길이었다.

세상을 살아가는 모습도 길을 걷는 과정일 테다. 오늘 걸었던 이 길의 느낌으로 걸어갔으면 좋겠다. 인생의 어느 순간에 마주쳤던 깔딱고갯길, 계곡 길, 편안한 길 등, 각각의 길마다 나에게 말을 걸어 왔었다. 그 길들은 이렇게 말을 하는 듯싶다. '마음에 걸림이 없이 살라고, 마음속에 숨어 있는 집착만 내려놓으면 편안해진다고.' 매 순간 욕심으로 일어나는 감정은 그저 텅 빈 계곡 속의 바람같이, 물같이, 구름같이 흘러와서 흘러갈 뿐이라고.

용산구곡을 찾아서

　계룡산, 우리나라 국립공원 중에서 두 번째로 지정된 산이다. 처음 그 말을 듣는 순간 놀라움 보다는 의아한 생각이 먼저 다가왔다. 최고봉인 천왕봉이라고 해봐야 기껏 해발 800m 남짓 밖에 되지 않는다. 그럼에도 그렇게 빨리 지정된 것을 보면 무슨 사연이 있을 터이다. 주역의 64괘상으로 계룡산의 이름이 가진 뜻을 풀이해 보면 닭을 상징하는 풍風괘, 용이나 우레를 상징하는 진震괘로 구성되는 풍뢰익風雷益괘다. 바람의 성질은 안으로 들어가고 우레는 안에서 움직이는 성질을 갖고 있다. 이름에서 벌써 숨어 들어가서 세상을 변혁시키고자 꿈틀되는 기운이 많은 산이라 여겨진다.

　오랫동안 살던 지리산 먼 자락을 벗어나 계룡산이 늘 보이는 대전으로 이사를 온 지 꽤나 긴 시간이 흘렀다. 산을 좋아하는 시절에 주말마다 계룡산을 이리저리 헤매본 지라 계룡산이라고 해도 처음 가졌던 호기심을 유지할 정도의 신비는 남아 있지 않았다. 상신리만 해도 한때는 한번 살아 볼까하고 땅값을 알아본 적이 있었다. 속세를 떠나 조용히 살기에 좋은 터라는 느낌을 받았다. 상신리에는 도예촌, 폐허가 된 사찰,

그리고 소설 단의 주인공인 봉우 권태훈의 생가가 있다.

용산구곡은 권태훈씨의 부친인 권중연씨가 일제의 한일신협약에 저항하여 능주군수 관직을 버린 후 상신리에 와서 국운을 생각하며 지은 구곡九曲이다. 중국의 주자는 자신의 진퇴를 물은 점괘에서 천산둔天山遯괘를 얻은 후 낙향해서 무이구곡武夷九曲이란 시를 읊었다고 한다. 훗날에 만들어진 구곡은 대부분 이를 본 떠 지은 이름들이다. 우리나라에서도 퇴계선생의 도산십이곡, 율곡의 고산구곡, 우암의 화암구곡처럼 도처에 그런 흔적이 남아 있다.

용산구곡龍山九曲은 이름부터가 꽤 재미있다. 제1곡인 심용문尋龍門으로부터 시작해서 차례로 은룡담隱龍潭, 와룡강臥龍剛, 류용대遊龍臺를 거쳐 중中의 자리로 제5곡인 황용암黃龍岩, 다시 현룡소見龍沼, 운용택雲龍澤, 비룡추飛龍湫를 거쳐 마지막 구곡인 신용연神龍淵으로 끝이 난다. 주역 건괘에서는 용을 잠용潛龍, 현룡見龍, 건룡乾龍, 혹용或龍, 비룡飛龍, 항용亢龍으로 표시한다. 용산구곡의 9단계의 용은 계룡산과 맞물리면서 더 신비한 느낌으로 다가왔다.

이름에서 용龍자를 넣은 것은 계룡산의 용에서 따왔음을 알 수 있다. 왜 용일까. 용은 동물 중에서 유일하게 물과 땅과 하늘을 모두 아우르는 동물이다. 용은 변화를 상징하는 상상의 동물이다. 권중연 지사는 나라의 국운이 풍전등화처럼 한치 앞도 모르는 때에 물러나 은거하였다. 비록 은자의 길을 걸을 수밖에 없다하더라도 나라의 운세가 좋아지기를 바라는 마음에서 용에 빗대어 국운을 예언했을지 모른다.

제1곡인 심용문은 입구에 있어 찾기 수월했지만 2곡부터는 찾기가 만만찮았다. 같이 간 우리 일행은 내친 김에 끝까지 찾기로 했다. 석각이라, 지나가는 이에게 물어 보기도 하고, 계곡을 오르락 내리락하면서 글자가 새겨 있는지 바위를 훑어보았다. 글자가 나타나면 석본과 대조를 하면서 올라갔다. 제5곡인 황용암에 이르렀을 때 도인풍의 인물인 듯 해 보이는 한 무리들이 특별한 의식을 준비하고 있었다. 상신리에서 오랫동안 살아 왔다고 하는데 쉽게 말을 걸 수 있는 분위기가 아니었다. 나의 존재를 알리기라도 하듯, 6곡의 현룡俔龍을 '현룡과 견룡 중 어느 음으로 읽지요' 하는 질문을 툭 던졌다. 한 분이 "구곡까지 다 보시고 난 다음에 판단해보세요" 라고 여운을 가진 말로 가볍게 응수하였다.

하나 둘 찾다보니 마침내 구곡을 다 찾았다. 피곤함과 함께 약간의 허전함이 배어들었다. 이왕 구곡이라 했으니 안내표지판을 잘 보이게 설치했으면 좋겠다. 지친 몸을 이끌고 금잔디 고개로 올라가 허기진 배를 달랬다. 열 시경부터 찾기 시작해서, 오후 2시가 얼추 되었으니 대략 4시간 정도 계곡을 헤맨 것 같았다.

이제 갑사방향으로 하산 길이다. 내려가는 길에 신흥사 천진보탑을 잠시 둘러보았다. 많이 이름난 절이었지만 이제는 관리가 버거운 듯 완연히 쇠락해가는 기운이 물씬 풍겨온다. 천진보탑은 설화로 내려오는 보탑이다. 우리나라에서 부처님 진신사리를 모신 봉안처는 통도사, 상원사, 정암사, 법흥사, 봉정암이다. 이를 5대 적멸보궁이라 한다. 천진보탑에 진신사리를 모셨다는 이야기에 신비를 품고 올라가 보니 천진보탑이라는 탑은 없었다. 대신 바위들과 산세가 지어낸 모습이 기이한 느낌을 자아내게 했다. 천진은 적멸하여 이름으로 불리어질 수 없는 실상임을 깨닫게 하도록 이런 이름을 짓지 않았을까.

내려가면서 이번에는 갑사구곡을 찾으려고 작정했다. 근데 갑사구곡을 만든 이가 누군가. 바로 조선말의 매국노인 윤덕영이다. 1910년 국권 상실 때 나라를 일본에 앞장서서 넘기고 자작이라는 작위를 받은 인물이다. 말년에 갑사에 자기 호를 딴 간옹제를 짓고 구곡을 새겼다. 나라는 일본에 앞장서서 넘기고 혼자서 음풍농월이나 하겠다고 구곡을 지었다는 사실을 아니 영 찾을 기분이 내키지 않았다. 어쨌거나 갑사구곡은 제1곡 용유소龍遊沼로부터 시작해서 상류로 이일천二一川, 백룡강白龍岡, 달문택達門澤, 금계암金鷄巖, 명월담明月潭, 계명암鷄鳴巖, 용문폭龍門瀑, 수정봉水晶峰에서 끝난다. 금계가 무엇이냐. 천계에 있는 닭이다. 이 닭이 울면 온 사방의 닭이 운다고 한다. 윤덕영은 역사의 길에서 무엇을 위해 이런 이름을 지었을까. 이제 간옹제라는 이름은 흔적조차 남아있지 않다. 후인들은 그 집과 그와의 인연을 숨기고 싶어서 안내 표지판도 없이 찻집으로 운영하고 있다.

역사의 갈림길이 나타났다. 깜깜한 현실 속에서도 한줄기 희망을 품고 나라를 찾으려는 애국지사는 그 시대에는 불행했지만 역사의 햇불이 되었다. 일제에 영합하여 일신의 안일을 찾은 매국노는 이름조차 드러낼 수 없는 치욕으로 역사 앞에 드러났다. 인생의 가치는 앞이 어두컴컴하여 잘 보이지 않을 때에 어떤 선택을 했느냐에 따라 나중에 그 결과는 천양지차로 나타난다. 새삼 인과의 작용이 무섭다. 인생은 어리석은 판단을 하지 않게 매순간 밝기 위해 노력해야 하고, 자기 역사의 거울에 어떤 모습으로 남을 것인가를 고민하게 만든 시간이었다.

흔히 우리가 사는 세계를 사바세계라 한다. 인내하면서 살아야 하는 세계, 무엇을 위해 참고 살아야 하는가. 찰나같이 짧은 인생, 그 가는 길에 무수히 많은 갈림길이 나온다. 그 선택에 따른 대가는 내가 짊어지고 가야할 삶의 무게일 테다.

지금 세상은 개인의 행복이 곧 국가의 행복이 되는 시대다. 행복과 불행, 어느 쪽의 항해자가 될지는 오직 나의 몫이겠지.

영축산 암자에게 말을 걸다

영축산, 이름이 독특한 산이다. 백두대간이 분기된 낙동정맥의 거의 끝 자락에서 우뚝 솟아 영남알프스의 한 자락을 이루고 있는 산이다. 경부고속도로 언양 I.C를 지나다 보면 살포시 우아한 자태를 드러내고 있다. 옛날 울산에 일 년 남짓 살면서 얼음골이나 밀양에 놀러 갈때 가지산의 꼬불꼬불한 산길을 오며 갔다. 남쪽으로 끝없이 펼쳐져 있는 능선을 보면서 저 능선 어딘가가 영축산일 거라고 하면서 미지의 산으로 간직했다. 영축산 통도사에 몇 번 탐방 갔을 때도 금강계단이나 절 주변 건물만 둘러보았지 정상까지 오르는 시도는 하지 않았다. 언젠간 그 산에 오르겠지 하는 마음을, 긴 세월 묻어 둔 듯싶었다. 얼굴에 삶의 훈장 마냥 주름살이 굵어지고 나서야 영축산과 대면하는 인연을 가지게 되었다.

영축산 등산과 10암자 답사, 템플스테이와 병행한 탐방프로그램이 있어 흔쾌히 따라 나섰다. 통도사는 불보사찰이다. 자칭 나라의 가장 큰 절인 통도사는 通度寺로 표기되어 있었다. 통도사의 의미를 물어보아도 애매모호한 답변이 돌아온다. 통도사란 이름은 첫째, 이곳 영축산을 통해서 인도 영축산으로 건너가게 하는 절, 둘째, 깨달음으로 제도하는 절, 셋째, 스님이 되려면 받아야 되는 계율을 통과시켜 주는 절, 넷째, 도를 통하는 절이라는 다양한 의미를 가지고 있었다. 창건주인 자장스님은 왜 이렇게 절의 이름을 지었을까. 통도사라는 이름은 내가 아는 그 무엇 이상의 의미로 다가왔다.

새벽에 대전을 출발한 버스는 산행의 시점인 극락암으로 먼저 갔다. 극락암은 통도사의 큰 스님인 경봉스님이 이승의 옷을 벗을 때까지 주석했던 곳이다. 암자 곳곳에 스님의 자취가 남아 있다. 스님의 거처로 쓰였던 삼소굴은 주인이 없는데 아궁이에 불을 지피고 있었다. 색신을 벗어 던진 스님이 지금도 늘 있던 그곳에 자리하고 있어서 그러는 건지, 아니면 그리워하는 마음을 담아서 정성을 드리고 있는 것일까. 삼소굴과 방장이라는 현판은 아담하지만 기품이 있어 보인다. 기둥 주련에 스님의 오도송이 새겨져 있다. '아시방오물물두아是訪吾物物頭 내가 나를 숱한 물건들 가운데서 찾아왔지만 목전즉견주인루目前卽見主人樓 바로 눈앞에서 주인공을 만나구나 아아봉착무의혹呵呵逢着無疑惑 하하 한점 의혹 없이 만나니 우발화광법계류優鉢花光法界流 우담바라 꽃이 온 법계에 흐르네'.

비로암으로 갔다. 입구에 있는 여시문에서 기도하면 소원 하나는 들어준다고 누군가가 슬그머니 일러준다. 여시문을 지나니 남녘이라 벌써 천리향이 꽃망울로 우리를 맞이한다. 잘 가꾸어진 정원의 아름다움을 보는 즐거움을 내려놓고 점심공양이 준비되어 있는 백운암으로 길을 재촉한다. 산의 중턱에 있는 암자이다 보니 꽤나 가파른 길로 이어졌다. 40분 남짓 걸려 도착하니, 야외 탁자위에 밥과 배추김치, 무김치, 콩비지가 손님 맞을 준비를 하고 있다. 근데 김치가 예사롭지 않다. 산사의 풍경과 어우러져 식욕을 자극하는 색깔이다. 보기 좋은 것이 맛있다고, 어릴 적 먹었던 그 맛이었다. 음식이 주는 감촉은 내 몸 DNA에 저장되어, 다음 생도 그 맛을 찾아 갈지 모른다. 어쨌든 사뿐히 밥 한 그릇 해 치웠다. 좀 더 먹고 싶지만 참는 것도 산행이다.

가볍게 커피를 한 잔하고 영축산 정상을 향해 오른다. 여기서부터 세 시간 정도 걸린다고 한다. 이미 오후 2시를 가리키고 있으니 산세를 생각하면 좀 늦은 감도 있다. 하산하는 산객이 정상가는 길에는 아이젠이 필요하다고 알려준다. 얼굴에는 언제 갔다 내려오냐는 표정이 역력하다. 오르막을 힘겹게 오를 때에는 정상을 보지 않아야 한다. 목표가 너무 요원하면 제풀에 지쳐 더 힘들 수도 있으니 말이다. 그냥 내 발만 보고 걸으면 어느 결에 올라간다. 가쁜 숨을 잠깐의 쉼으로 달래면서 다시 오르기를 몇 번 하다 보니 드디어 정상까지 능선으로 연결되는 고갯길까지 올랐다. 정상으로 가는 능선 길이 빤히 보이는데 사방은 얼음과 눈으로 덮여있다. 해발 1,000미터 정도 되는 능선을 따라 걷는 느낌은 호쾌하다. 내려다보면서 걷고, 하늘에 가까이 있다는 느낌으로 걷고, 바로 이 맛 때문에 정상에 오른다. 사방이 툭 터져 환히 보이는 곳을 계속 걸으니 마음이 한없이 넓어지는 것 같다.

약간의 오름과 내림을 반복하고, 낭떠러지의 스릴도 즐기다보니 어느새 영축산의 위용을 볼 수 있는 턱밑까지 다다랐다. 저 멀리 가지산맥인 재악산, 천왕산과 석남산이 보이고 바로 앞에는 영축산이 있다. 한 걸음, 두 걸음, 드디어 오늘의 목적지인 정상에 올랐다. 통도사, 양산시, 금정산이 아득히 보인다. 날씨가 좋으면 동해 바다도 볼 수 있다고 하는데 오늘은 볼 수 없다. 정상에서 간단히 영축산 산신께 새해 묵념을 올린다.

당초 예상보다 1시간 이상이 지체되었다. 서둘러 하산 준비를 하는데

2시간 정도 내려가야 한다고 한다. 한참을 내려가니 휴게소 하나가 나타났고, 사냥개처럼 보이는 개가 딱 버티어 서 있다. 위용과 달리 사람을 봐도 짖지도 않는다. 속에 능구렁이 몇 마리 쯤 품고 있는 녀석처럼 보인다. 보살님한테 가만히 안기는 모습에서 영락없이 수놈이겠구나 싶다. 저녁 7시 경쯤 숙소에 도착하니, 저녁공양시간은 이미 지났다. 숙소에 짐을 풀어놓고 샤워를 마친 후 준비해 둔 라면과 떡으로 간단히 한 끼를 해결했다. 내일 아침 새벽 3시 기상이다. 피곤한 몸을 이끌고 경내를 가볍게 산책하였다. 맑은 밤하늘과 청량한 기운은 속세의 기운과는 확연히 다르다. 절 바람, 산바람을 쐬고 있으니, 힘든 인생살이에서 조여든 숨통이 툭 트이는 듯하다.

새벽 3시, 법고와 타종치는 모습을 보러 갔다. 텔레비전으로 보던 광경과 달리 직접 보고 들으니 더욱 장엄하다. 대종소리가 내 머리 속을 사정없이 파고든다. 투우웅, 일순간 모든 상념들이 날아간다. 투우웅웅 우우우… 마지막 사그라지는 찰나의 미세한 떨림까지 느껴본다. 대종의 소리는 머릿속의 하늘과 통하게 하는 울림이었다.

새벽예불과, 아침공양, 108배를 마친 후 오늘 암자 탐방의 첫 시작지인 서운암에 오른다. 된장독이 군락을 이뤄 고즈넉한 멋을 풍긴다. 기대를 안고 먹은 점심공양은 식당에서 일하시는 분들의 무표정한 얼굴과 정돈되지 않는 환경 탓에 다소 실망스러웠다. 약간의 쓸쓸함을 품고서 도자기로 구운 팔만대장경을 전시하고 있다는 경판각 건물을 보러 올라갔다. 모든 목재를 옻으로 칠하고 자연적으로 통풍이 될 수 있게 만든 건물 속에 도자기 팔만대장경이 전시되어 있다. 해인사 목판 팔만대장경은 세계적인 보물인데 비해 엄청난 노력과 돈을 들여 지은 통도사 도자기대장경은 어쩐지 서운암만 지키는 귀중품 같아 마음만 허전해졌다.

옥련암이 지척거리에 있다. 마시면 힘이 솟는다는 장군약수를 한 잔 마시니 정신이 좀 개운해졌다. 다시 백련암으로 길을 나선다. 그 옛날 통도사를 부흥시키기 위한 만일萬日염불회로 이름난 곳이다. 오래된 은행나무의 썩은 가지에서 다시 새순이 나와 대를 이어가는 모습이 이채롭다. 통도사 암자 중에서도 아름답다는 사명암, 들어가는 입구에 연못과 다리, 누대를 만들고 한 폭의 풍경화를 새긴 것처럼 참 아기자기하게 예쁘게 조성하였다. 다음에 며칠 푹 쉬어 가면 좋겠다는 생각이 절로 든다. 통도사 암자 중 가장 작은 암자인 수도암으로 갔다.

이 절의 주지스님은 직접 농사를 지어 자급자족은 물론 찾아오는 신도들한테 수확물을 나눠주고 있다고 한다. 칠십을 넘은 나이인데 혼자서, 그것도 삽과 괭이 한 자루로 몇 백 평의 농사를 직접 짓고 있단다. 텃밭 가꾼 지 육년이 지나도 겨우 우리 가족 먹을 정도로 얼치기 농사꾼인 나로서는 기가 죽는다. 그런 정신력을 가진 탓인지 70대의 나이에도 눈과 정신이 살아 있다. 손발로 체득하여 들려주는 말씀을 가슴에 새긴 채 자장암으로 간다. 금와보살의 바위전설이 있는 곳이다. 마침 그 구멍에서 나왔는지 황금색 개구리 한 마리가 불쑥 튀어나와 바위 뒤쪽으로 달아나 버린다. 금와보살님 나무아미타불. 마침내 오후 5시, 오늘 탐방의 끝인 서축암으로 간다. 건물은 창문이 많은 미닫이문과 처마선이 일직선으로 되어 있어 약간은 왜색풍의 느낌이 들었다. 주변이 잘 정돈되어 있어 떠나는 이에게 편안함을 안겨준 암자였다.

1박 2일 짧은 시간에 영축산-통도사-금강계단-10암자를 둘러보았다. 느긋하고 여유 있는 탐방일 거라고 생각했는데 주마간산 마냥 바쁘게 둘러본 느낌이었다. 암자마다 들려주고 싶은 이야기가 많이 있었겠지만, 스치는 바람처럼 지나쳐 버렸다. 아직도 가보지 못한 암자가 열개 남짓 있다. 언제일지 몰라도 시간나면 몇 날이고 걸려서라도 차근차근 둘러보면서 암자마다 소리로, 색깔로, 맛으로, 바람으로 들려주고픈 이야기를 듣고 싶다.

영축산 통도사 10암자, 나의 삶속에서 흑백사진과 같은 아련한 여운을 가진 채, 행복의 강으로 안내해주는 짧은 여행이었다.

무등산 너머

 모처럼 떠나는 남도여행이다. 오월의 이맘 때쯤이면 높은 산은 철쭉으로 색동옷을 입는다. 화려함과 추함, 북적북적하고 쓸쓸함이 함께 묻어 있는 오월의 초순이다. 남도의 산에서 온갖 힘으로 마지막까지 버티고 있는 철쭉꽃을 보러 무등산 자락으로 향했다.

 무등산, 숱하게 이름을 들었지만 한 번도 가까이 하는 인연을 맺지 못했다. 광주에 갔었을 때, 저 산이 무등산이라고 들었지만 가슴으로 들어오지 않은 채 무심하게 스쳐버린 산이었다.
 오늘 산행은 무등산의 뒤쪽에 있는 화순군 수만리 마을에서 시작해 무등산 능선 길에 있는 낙타봉을 찍고 되돌아 나와 안양산을 오르는 일정이다. 정상을 밟지는 않지만 무등산을 조망하는 것이 포인트다. 안양산은 무등산과 연접해 있는 봉우리이다. 지리산이 품고 있는 장장 몇 십 km의 모든 산들은 죄다 지리의 넉넉한 품으로 들어와 그냥 봉으로 불리어지듯 안양산도 무등의 품안에 있는 산일 게다.

 무등. 세상에 있는 모든 것은 유등만 있을 뿐 무등은 없다. 옛글에 '하늘은 높고 땅은 낮으니 건괘와 곤괘가 정해지고, 천지만물의 낮고 높음이 펼쳐 있다는 구절이 있다. 천지가 있는 한 위位가 있기에 유등만 있을 텐데, 왜 무등산이라고 했을까. 무등의 이름은 불교 용어와 관련이 있다. 비할 데가 없이 고귀하다는 무유등등無有等等에서 유래되었다거나, 반야심경의 무등등명無等等明에서 왔다는 이야기가 있다. 무등의 참 뜻은 분별하는 눈이 아닌, 실상을 보라는 마음에서 지었을 듯싶다. 무엇보다 무등의 참된 의미는 산에 올라 무등산의 넉넉한 품을 느낀 자에게만 드러내 보일 것 같다.

수만리 마을에서 시작된 산행은 시작과 함께 오르막길로 이어진다. 가파른 길을 따라 오르기를 1시간 30분 남짓 걸려 무등산을 올려볼 수 있는 낙타봉에 오른다. 너른 평원에 바위들만 봉긋하게 남아서 분경처럼 경관을 이룬 곳이다. 낙타봉에서 바라본 무등의 모습은 어떤 것도 다 포용할 수 있을 정도로 품새가 넉넉하다. 지리산이나 기타 여러 산들은 높아서 위용 있는 품새라 아득하고 장엄한 모습으로만 있다. 반면 무등산은 구수하고 넉넉한 몸매를 가진 아줌마처럼 그냥 떼굴떼굴 굴러가도 너른 품으로 다 품어줄 것 같다.

이런 무등의 넉넉한 젖을 먹고 자란 광주에서 비극적인 사건이 일어났다는 사실이 놀랍다. 인간의 욕심은 천지의 조화를 일순간 거스를 수 있지만 끝내 벗어날 수는 없음을 역사는 증명하였다. 이젠 무등의 너른 품으로 다시 세상사의 크고 작은 욕심을 보듬어, 평범한 일상으로 돌아가야 되는 때를 기다려 본다.

낙타봉에서 안양산으로 발걸음을 옮긴다. 능선은 안양산까지 곧게 뻗어있고, 능선길 양쪽으로 철쭉꽃이 울긋불긋 화려한 모습을 뽐낸다. 완만한 능선을 따라 꽃과 함께 걷는 길은 편안한 열반의 세계, 그 자체이다. 안양安養은 불교용어로 극락이라는 뜻이다. 극락세계가 있다면 이런 길을 걸어 갈 거라는 느낌이 절로 든다. 온통 철쭉꽃으로 화장한 안양산은 꼭대기라고 말할 수 없을 정도로 너른 평원이다. 안양산과 무등산은 여기와 저기가 서로 분별되지 않는 무등의 세계로 이어져 있다. 그런 세상을 꿈꾸는 것만으로 한없이 편안한 시간이었다.

아무리 좋아도 극락은 극락이다. 오욕칠정이 있는 인간세상이 그립다. 이젠 사람 사는 곳으로 내려가야 한다. 오를 때는 힘든 느낌에 집중한다고 몰랐는데 내려가기가 만만찮다. 이제 점점 오르막길보다는 내리막길이 더 힘들다. 정상이라는 목표가 있을 땐, 죽어라 올라가면 되었다. 정상에 오르고 난 후 내려가는 길은 여간 조심하지 않으면 안 된다. 등반사고도 내려갈 때 가장 많이 나듯, 인생길도 마찬가지다. 머잖아 인생1막의 정상에서 내려가야 한다. 긴장을 멈추지 않고 오르막을 오르는 기분으로 내려갈 수는 없다. 힘을 빼고, 휴식도 자주 취해야 한다, 빨리 오른다고 스쳐 지나쳐 버렸던 꽃이며, 나무며 하늘도 보고, 자연과 소통하면서 천천히 내려가야 한다. 나이 들어가는 탓에 모처럼 생긴 종아리 근육이 긴장하여 일으킨 당김을 달래다 보니 어느새 산행의 끝에 이르렀다.

무등산 너머에 있는 화순 운주사로 갔다. 처음 그곳에 갈 때는 신비감으로, 두 번째는 좋았다는 기억으로, 이번에는 절이기에 갔다. 어느덧 운주사에 도착했다. 이곳에 온 지, 십년 쯤 되는가 보다. 그동안 많이 변해 있었다. 주차장이 커졌고, 전에 없던 일주문도 새로이 있다. 꽤나 많은 사람이 찾는다는 자취다. 운주사가 송광사의 말사라는 사실을 이번에 처음 알았다. 말사지만 어지간한 절보다 큰 규모다. 깔끔하게 정리된 길을 걷다보니 옛날의 운주사가 안겨 준 신비한 느낌은 많이 퇴색되었다. 석불과 석탑은 그대로인데 사람의 눈길을 분에 넘치게 많이 받다 보니 빛바랜 느낌이 들었다. 특히 보물로 지정된 원형 석탑 주위에 비닐하우스용 파이프로 기둥을 만들고 연등을 단 모습은 썩 보기 좋지 않았다. 보물을 감상할 수 있도록 도와주지는 못할망정, 시골동네 장터 같은 우스꽝스러운 짓거리를 하였다. 수도승의 칼날 같은 기풍을 어디에서 찾을 수 있을까.

운주사의 천불천탑에 관한 이야기는 많이 알려져 있다. 왜 그렇게 많은 탑과 불상을 만들었을까. 살기 힘든 세상이기에, 미륵불이 주재하는 용화세계에 다시 태어나고 싶다는 소박한 신앙이 불상과 탑을 이토록 많이 만들게 하지 않았을까. 미륵신앙이기에 내세에 대한 궁금증은 하늘로 관심이 이어질 수밖에 없다. 이 절에만 있는 거대한 두 쌍의 와불과 칠성석이 산에 떡하니 누워있다. 와불은 잠자고 있는 미륵불이다. 때가 되면 그 육중한 몸을 일으켜 깨어날 것이다. 그 때가 언제인지는 아무도 모른다. 운주사에 머물던 스님들은 천문에 대한 공부를 많이 하였다고 한다. 칠성판을 나타내는 북두칠성에서 바라보는 별 위치마다 탑을 배치해 놓았다고 말한다. 천문은 하늘의 무늬다. 아무나 읽을 수 없다. 한 세계가 가면 새로운 별자리가 만들어져 천문이 다시 만들어질 것이다. 아마 그 때가 미륵불이 중생을 교화하는 용화세계이리라.

이젠 상상의 나래를 접고 세상으로 내려가야 한다. 아무리 부처님이 좋다한들 내 입에 밥을 줄 수는 없는 일. 종일 몸을 움직였다고 허기가 몰려오고 피곤함이 덩달아 밀려온다.

주차장으로 내려가는 길에 가지각색의 불상이 배치되어 있었다. 우리와 똑같은 모습도 있고 상상의 모습으로 조각한 불상도 있다. 인간의 힘으로 어찌할 수 없는 절망 앞에 미륵불의 가피를 얻고자 세월호의 아픔을 새긴 불상도 있다. 불과 1년, 세월호의 아픔은 이 시대가 짊어져야 하는 아픔이고, 스스로 무지했고 무시했던 안전 불감증에 대한 우리의 업보로 기억해야 할 아픈 기억의 시간일 게다.

언제 구름이 오고 머무를지 모르듯, 다시 운주사를 찾을 기약도 없이 말없이 떠난다.

물빛의 향연을 만나다

태초에 빛이 있었다. 설산의 아름다움에 취해 빛이 호수 속에 내려앉아 물빛이 되었다. 그 빛은 다시 산과 어우러져 물빛의 황홀경을 만들어 냈다.

중국 사천성 구채구九寨溝, 처음 들어보는 이름이었지만 왠지 모르게 끌림으로 다가왔다. 구채구는 사천성내 소수민족인 장족의 거주지로, 호수가 있는 아홉 개의 마을이라는 뜻이다. 호수의 이름들은 모두 바다를 뜻하는 해海로 명명되어 있다. 태어나서 한 번도 바다를 보지 못한 사람들에게 호수는 바로 바다였다. 그런 사람들에게 바다를 설명하기 쉽지 않듯이, 구채구 물빛을 보지 않은 사람에게 물빛을 설명하기 어려울 것 같다. 구채구의 물빛을 보고 나면 다른 곳의 물빛은 눈에 들어오지 않는다고 한다. 구채구 호수는 '민산岷山산맥의 산신 달과가 아름다운 여신인 색모를 흠모해 뜬 구름으로 거울을 만들어 선물했고, 여신은 그만 거울을 떨어뜨렸단다. 거울은 산산조각 나면서 100개 이상의 호수로 되었다'는 전설을 가지고 있다.

저녁에 인천공항을 출발하여 중국 사천성의 성도에 도착하니 밤 11시가 훨씬 넘었다. 시내 호텔로 이동하여 간단히 하룻밤을 묵었다. 성도는 중국에서 6번째로 큰 도시며 사천성의 수도다. 인구가 약 1,600만 명이나 된다고 하니, 어지간한 나라 규모다. 사천이라는 지명은 사천성을 중심으로 4개의 강 장강長江, 민강岷江, 타강沱江, 가릉강嘉陵江이 흐른다 해서 붙여진 이름이다. 우리에게는 매운 요리의 대표인 사천요리와 삼국지에 나오는 촉나라의 수도로 친숙하다.

아침에 성도를 출발하여 구채구로 향한다. 거리는 약 450km, 버스로 7시간쯤 걸린다고 한다. 고속도로를 2시간 정도 달린 후 국도로 접어드니 산의 모습이 특이했다. 2008년 이곳에서 발생한 대지진의 위력을 보여 주듯이 산의 봉우리마다 산사태의 흔적이 남아있다. 버스는 민강岷江을 따라 산의 절개지에 만든 2차선의 도로를 달린다. 도로 위로 보이는 지질은 자갈과 흙이 혼입된 퇴적층이다. 지진이 발생하거나 큰 비가 내리면 흙이 줄줄 흘러내릴 듯 위태하다. 다행히 이 지역은 우리나라와 달리 집중호우가 오지 않는다고 한다. 지진은 빈번히 일어나 큰 피해를 주고 있는 실정이다.

구채구 가는 길에 강족의 집단 고古 거주지역과 당 태종시절 문성공주와 토번왕 송첸캄포 사이에 얽힌 정략적 사랑 이야기를 동상으로 되살려낸 송주성松州城에 들렸다. 역사의 흐름이 정지되어 있는 듯했다. 장족 거주지부터는 차마고도를 따라 길이 건설되어 있어 간혹 옛길의 흔적이 보였다. TV에서만 보던 차마고도의 모습을 실제로 보니 저 좁은 길로 야크에 짐을 싣고 어떻게 다녔을까 하는 의구심이 들 정도다. 차마고도는 시안, 운남성, 그리고 사천성에서 출발하는 3가지 길을 말한다. 그 중 사천성과 연결된 노선이 가장 붐볐단다. 장족 소수민족 거주지에 들어가니 마을마다 오색기와 산 곳곳에 오색의 깃대가 펄럭거리고 있다. 오색기는 스님을 배출한 집이나 신성한 곳임을 알리는 표식이다. 오색은 우주의 구성과 연관이 깊다. 청색은 하늘, 흰색은 구름, 적색은 태양, 황색은 땅, 녹색은 강을 상징한다. 오색기를 보는 것만으로도 티벳에 있는 느낌이 들었다. 가는 도중에 낙하높이가 100m에 이르는 모니구年尼區 폭포에 들렀다. 석가모니께서 설산인 여기까지 와서 수도했던 곳이라고 해서 붙여진 이름이라고 한다. 아마 불교가 중국으로 유입되는 과정에 갖가지 전설들이 생겨났고 그런 흔적들이 새겨 있는 자취가 아닐까.

저녁쯤 구채구에 도착했다. 전기 사정이 좋지 않은지 호텔이라 해도 조명이 어두워 거의 다른 일을 볼 수 없을 정도다. 높은 산으로 둘러싸여 있는 험준한 이곳까지 어떻게 전력을 공급해 주고 있을까. 다행히 비가 많지 않는 곳이라 거의 집집마다 태양광 발전시설이 있다. 인류는 환경에 순응해 살아가지 않고 환경을 극복해 나가는 데서 문명의 발전을 이루어가고 있다는 역사의 증거를 여기에서 읽는다.

구채구 탐방이 시작되었다. 구채구는 Y자 형태로 이루어져 있다. 오전에는 Y자 분기 중 우측 방향으로 올라가 '판다해'로부터 시작해 내려오고, 점심 먹고는 좌측으로 올라가 '장해'로부터 시작해 내려오는 일정이다. 호수마다 참 물빛이 다채로웠다. 녹색, 파란색, 보라색을 띄고 있는 오화해, 파란 호수 밑바닥에 잠긴 고목의 표면에 석회성분이 고착되어 나무 모습이 그대로 보이는 전죽해와 판다해, 푸른 옥빛을 투영해내는 오채지, 호수의 모습이 호랑이를 담았다고 해서 붙여진 노호해, 황혼 무렵 석양빛이 반사되면서 불꽃같이 환한 대화해, 가장 높은 위치에서 눈이 시릴 정도로 푸른빛을 머금은 채 모든 호수에 물을 공급하는 장해, 서유기의 손오공이 말을 타고 지나간 촬영지로 유명하며, 층계처럼 물이 흘러서 긴 원호를 그리며 떨어지는 진주탄, 물고기는 하늘에서 유영하고 새들은 물밑에서 난다할 정도로 깨끗한 경해 등 호수들은 저마다의 이름을 가지면서 물빛을 뽐내고 있었다. 하천을 건널 때 물속을 보니 부엽토가 물속 곳곳에 주먹만한 크기로 퇴적되어 있고, 그곳에 나무가 뿌리를 내려 살아가고 있다. 생명의 끈질김에 경건한 마음이 들었다.

눈을 올려 하늘을 보니, 산의 머리마다 만년설의 흰 빛을 이고 있다. 호수 주변의 가파른 고봉들은 호수와 교감하면서 태초의 기운을 사방에 뿌려주는 듯, 순수하고 청량한 기운이 가슴으로 파고들어와 번뇌를 씻겨주었다.

겨울이라 탐방로 곳곳은 막혀 있다. 보고, 걷고, 느끼고, 마음속에 그려두면서 천천히 걸어가면 좋겠는데 버스로 이동하다 보니 느낌도 이내 희미해져 버렸다. 아름답고 영롱한 구채구의 물은 예쁘기는 한 것 같은데 보고나면 여운이 남아 있지 않는 K팝의 걸그룹 같았다. 하나하나의 호수들은 다 특성이 있는데도 바쁘게 이동하다 보니 전체 속에 뭉뚱그려져 버렸다. 이상하게도 사람의 흔적이 새겨져 있지 않은 깊은 계곡 호수의 비경은 머리에 정보로 담아둘 순 있어도 가슴에 담아두기엔 울림이 부족하다는 느낌이 들었다.

아쉬움을 뒤로 한 채 떠날 시간이 왔다. 새벽 5시 반, 출발이다. 꼬불꼬불한 산길을 깜깜한 밤에 잘도 달린다. 날이 훤해진 뒤 차장 밖에 비치는 시골풍경은 한가한 모습이 아니었다. 이런 산골에도 도처에 차량,

주점, 음식점이 있다. 야크의 고장답게 새벽부터 도로를 지나가는 야크 떼와 마주쳤는데 이들을 피하려다 교통사고가 날 뻔했다.

구채구를 오고 가면서 잠시 휴식을 취한 접계호는 또 다른 모습으로 다가왔다. 대지진시 발생한 엄청난 산사태로 계곡 입구가 가로막혀 형성된 호수다. 그 때 수많은 사람들이 미처 대피하지 못해 수몰되었다고 한다. 자연의 힘 앞에 어쩔 수 없는 비극의 무게를 내려놓고서 내 앞에 보이는 접계호는 포근했다. 좁은 호수 입구를 감싸 주는 듯한 앞산, 그 사이로 푸르게 맑은 하늘을 그려내는 접계호의 풍경은 석양의 노을과 어울려 너무나 신비로웠다.

여행은 일상을 벗어나 긴 호흡으로 여백의 울림을 느끼는 또 다른 일상이다. 구채구 물빛은 내 가슴에 스미듯 살포시 들어와 기억의 뒷면에 영롱하게 아로새겨져 있을 터이다.

겨울 한라산 눈꽃여행

잠시 후 제주공항에 도착한다는 기장의 말이 흘러 나왔다. 순간 기내에 번쩍하면서 조명이 끊어졌다. 일순 불안감이 들었다. 청주공항에서 처음으로 저가항공 비행기로 야간에 출발하는 데다가 기상까지 좋지 않아 좀 찜찜한 생각이 들었던 터였다. 근데 아무 일 없는 듯 조용했다. 잠깐 동안의 기우일 뿐 기내 방송도 없고 비행기도 정상적인 고도를 유지하면서 날고 있다. 비행기가 떨어지면 죽는다는 사실 앞에 순간이나마 흔들렸던 마음이기에, 죽음과 삶의 갈림길에서 잡고 있는 삶의 끈을 미련 없이 놓고 갈 수 있을는지.

지금이야 제주도를 쉽게 오고 가지만 조선시대에는 전라도 해남에서 배를 타면 하루 이상 걸렸다. 얼마나 많은 위험이 도사리고 있었을까. 그때도 가족과 이별한 채 육지에서 제주도로 가거나, 그들을 보내는 사람들은 거친 파도와 바람 앞에 숱한 눈물을 바다에 뿌렸을 게다. 흔히들 생사는 동전의 양면이라 하지만 평상시 죽음은 저 멀리 있다고 여긴다. 삶 속에서 생사를 가장 많이 생각나게 하는 경우가 비행기를 탈 때가 아닌가 싶다. 승무원에게 왜 번쩍했는지, 혹 번개를 맞았는지 물어보니 대수롭지 않게 그렇다 한다. 비행기를 직업으로 타는 사람과 일 년에 겨우 한두 번 정도 타는 사람과의 심리적 거리는 이처럼 달랐다.

갑오년 12월 들어 거의 매일 눈이 내렸다. 제주도에도 종일토록 눈이 내리고 있었다. 한라산에는 이미 엄청난 눈이 내렸다고 한다. 벌써 입산 통제를 한다고 하니 오르긴 어려울 듯싶었다. 한라산 등산을 한다기에 모처럼 큰 맘 먹고 나선 산행이다. 한라산 정상을 밟고 싶지만 머리카락 치렁한 여인이면서 때론 노파를 닮았다는 한라산의 '설문대할망'이라는 여신의 심술이 제법 얄궂다. 조금 실망하면서도 모두들 벌써 체념해 버리는 분위기다. 가이드가 정상까지는 불가능하고 내일도 날씨를 봐야 하지만 중턱인 '사라오름' 까지는 갈 수 있다고 약간의 희망을 말한다.

아침 늦게 한라산 등반의 출발점인 성판악에 도착했다. 우리 일행 외에도 몇몇 팀이 보였다. 정말 엄청 추웠다. 뼛속까지 한기가 스며들었다. 온 천지가 하얀, 말 그대로 설국이다. 여기서 '사라오름'까지는 왕복으로 약 5시간 소요된다고 한다. 혹 있을지 모를 눈길 안전사고를 대비하여 마음을 굳게 다져 본다. 오르는 길은 밋밋한 경사를 따라서 미리 눈을 치워 만들어 놓은 길만 따라서 걸을 뿐이다 누군가는 눈길을 만들기 위해 새벽부터 엄청난 고생을 했겠지만 내가 힘들다 보니 보이지 않는 다른 사람의 고생을 생각할 여유가 없다. 좁은 눈길을 한 발자국 벗어나니 거의 엉덩이까지 눈에 파묻히고 만다. 오르는 사람과 내려가는 사람사이에 잠시 기다렸다가 가는 풍경이 도시에서나 볼 수 있는 장면같아 재미있다. 눈 속 겨울 산행은 아차 방심하는 순간 위험에 빠지니 다들 조심조심 주어진 길만 묵묵히 걸어간다.

온통 눈에 보이는 모습들은 하얀색으로 칠해져 있지만 나무들은 눈을 맞고서 갖가지 모양을 만들고 있다. 평상시에는 전혀 상상도 할 수 없는 모습으로 말이다. 눈이 빚어내는 세계는 장엄하다. 나무와 돌, 눈에 보이는 모든 물건들은 내리는 눈을 받을 수 있을 만큼만 받기에 이토록 아름다운 모습을 나타낸다. 우리 인간은 주면 주는대로 모든 것을 다 받을 수 있을 것처럼 살아가고 있다. 나무도 자기 분수를 아는데 지족知足을 몰라서 추락하는 인간사는 요즘 언론에 회자되듯이 늘 무슨 사건으로 끊임없이 세간의 공멸과 분노를 산 채 등장한다.

　출발한 지 약 2시간 반쯤, 긴 하얀 눈꽃의 터널을 지나 드디어 사라오름에 오른다. 평상시에는 저 멀리 넓은 태평양을 바라볼 수 있는 곳이다. 온 천지가 눈보라로 휘날리고 분화구도 모두 눈으로 덮인 채 소리마저 사그라져 있어 마치 이 세상이 아닌 다른 세상에 와 있는 느낌이다. 사방이 눈밭이고, 눈보라로 오돌오돌 떨고 있는 사람들의 모습을 보니 인간이란 자연의 힘 앞에 한없이 나약하고 왜소한 존재일 뿐이다. 추위를 뚫고 힘들게 올라 왔으면 이루어냈다는 쾌감이 들어야 하겠지만, 오히려 더 겸손해진다는 느낌이다.

　눈으로 장엄한 세상을 보니 내면에서 생각의 파편들이 눈송이처럼 올라온다. 눈이 오기 전 갖가지 모양으로 만물은 저마다의 모습과 소리를 냈지만, 눈앞에 모든 것들은 돌연 자취를 감추고 하얀 모습으로 바뀌었다. 눈으로 덮이기 전과 덮인 후의 모습은 본디 다르지 않으니, 그대로 드러난 모습이 곧 실상이다. 단지 전체 속에 어우러져 드러난 다른 모습일 뿐이다. 실상은 언제나 둘이 아닌 그대로이다. 한라산은 늘 그냥 그대로 있었을 텐데, 구름과 눈 등에 가려진 사람들이 갖가지 다른 모습으로 표현했을 뿐이다.

　머무름은 잠시다. 사라오름과의 짧은 만남을 뒤로한 채 하산한다. 사방을 둘러보아도 하얀 눈밖에 없으니 자연스레 나 자신과 많은 대화를 하게 되었다. 비행기가 번개를 맞아 기내에 번쩍했을 때 나도 모르게 마음이 움직여 두려움을 느꼈다. 그 찰나의 순간 인생의 나침판과 같았던 '모습에서 취해서 동하지 말라不取於相 如如不動'는 글귀는 저 멀리 달아나고 없었다. 아는 것과 체득의 조그마한 차이는 이렇게 다르게 나타난다. 어쨌거나 두려움의 원천은 결국 죽음이 두렵다는 것이다. 시골에 살아 보니 아무리 하찮은 미물일지라도 끝까지 살려고 발버둥치지 쉽게 목숨을 포기하는 경우는 없었다. 생명은 끊임없이 태어났다가 사라지는 변화의 과정 속 한 단면일 뿐이다. 죽을 수밖에 없고 매순간 사라져 가는 흐름 속에서 순간순간 실존의 허무를 안고 있는 생은 두려움과 한 쌍인 외로움을 안고 갈 수밖에 없을 듯싶다.

　삶은 조건이라는 바다에 떠 있는 배와 같다. 모든 현상들은 홀로 존재하는 것이 아닌, 조건에 매개되어 서로 존재할 수밖에 없다. 연기緣起되어 있는 삶이기에 불안전하고 불완전할 수밖에 없다. 이 세상 어떤 존재도 혼자 생멸할 수 없다. 관계 속에서 변화되므로 무진장으로 서로 얽혀 있다. 불교의 용어를 빌리면 연기되어 나타나기에 제행무상이고 제법무아이고 일체개고다. 본디 어디에 머물 수 있는 바탕이 없음에도 찰나찰나 눈, 귀, 코, 혀, 몸, 생각의 정보로 이루어진 세상에 의지해 살아가고 있는 게 우리 삶이지 않는가.

　이만큼 살아 보니 생이란 살고 난 다음에 죽는 것이 아닌, 늘 붙어 있는 삶과 죽음의 과정 속에 있음을 새삼 깨닫는다. 지금도 지구는 엄청난 속도로 태양 주위를 돌고, 태양계는 은하계를, 은하계는 또 다른 무엇을 중심으로 운동하고 있음에도, 우리는 지구가 도는 사실 자체를 한 순간도 지각하지 못한 채 멀쩡히 살아간다. 별별 생각들이 꼬리를 물고 이어진다. 광대한 우주로 보면 인간은 하나의 티끌보다도 못한 존재이지만, 그 하나의 작은 존재가 만상을 그려볼 수 있으니 참 대단한 존재다. 이제부터 남겨져 있는 유한한 삶 속에서 살만큼 살다가 한 점 붙잡을 미련이 남아 있지 않는 생으로 살고 싶다.

 길은 끝없이 눈으로 펼쳐져있고, 생각을 더듬다 보니 어느덧 처음 출발했던 성판악에 도달했다. 상념들이 많아지는 것을 보니 점점 세월을 먹어가는 모양이다.

우리, 이베리아반도를 가다

마침내 날짜가 정해졌다. 우리도 유럽 한 번 가보자는 아내의 말에 그때마다 간다고 말했지만 언제나 이런저런 사정이 생겼었다. 아내는 이번엔 단단히 벼르고 홈쇼핑으로 계약을 했다고 힘주어 말한다. 출발하기 몇 개월 전에 이루어지는 계약임에도 아내는 유럽여행이 처음이라 자못 기대에 부푸는지 홀로 하는 여행준비를 즐겁게 했다.

누구나 일상의 권태로움에서 잠시 일탈하여 낯선 곳에서 새로운 사물을 보고 생활에 활기를 느끼게 하는 시간이 가끔 필요하다. 여행은 늘 보고 듣는 정보의 편안함에 젖어 있는 눈과 귀를 번쩍 깨우게 한다.

두바이를 거쳐 스페인 마드리드로 가는 일정이다. 몇 번의 난기류를 헤치고 두바이공항에 도착했다. 언론을 통해 두바이의 모습을 많이 봤지만 실제 두바이의 모습은 설렘으로 다가왔다. 세계 최고층 건물인 부르즈 칼리파, 125층 전망대에서 바라보는 두바이의 모습은 한창 개발 중인 인공도시였다. 석유가 나지 않아도 아시아와 아프리카, 유럽에 인접하는 지리적 이점을 이용하여 무역, 관광, 사업하기에 좋은 환경을 만들어 부를 창출하는 지혜가 부러웠다.

　두바이에서 마드리드까지는 약 8시간이 소요되었다. 우리가 이틀 머무는 호텔은 마드리드 외곽에 있는 리조트다. 숙소 내부는 스페인이 과거 동양과 활발하게 교류했던 흔적을 말해주듯, 하얀 벽면의 천장에는 서까래를 노출시켜 제법 운치를 더했다. 아침에 일어나 창문을 여니 새소리의 지저귐이 참 싱그러웠다. 그 소리에 이끌려 산책을 나가니 제법 날씨가 쌀쌀했다. 뽕나무, 명자나무 등 익숙한 나무가 몇 종류 보였다. 우리가 이틀간 묵을 숙소는 비싼 호텔은 아니지만 마치 집에 있는 듯 편안했다. 머나먼 이국땅에서 집과 같은 편안함을 느끼다니, 여행에서 얻은 뜻밖의 큰 즐거움이었다.

톨레도, 천년의 요새와 대성당

　톨레도로 향했다. 톨레도는 협곡에 조성된 도시로 예전에는 수도였다. 500년 된 성당과 세계 3대 성화 중 하나가 있다. 톨레도 성당에 있는 두 곳의 성모마리아상은 금으로 입혀져 화려한 모습이다. 한 군데서만 2톤의 금이 사용되었다고 하는데, 금은 아메리카대륙에서 왔다고 한다. 스페인이 개척한 대항해 역사의 원동력은 금이었음을 새삼 깨닫게 되었다. 화려한 성당 이면에는 식민지 착취라는 불편한 역사가 있다. 이런 사실을 알면서도 성당의 위용 앞에 찬탄할 수밖에 없다니, 참 역설적인 세상의 한 단면이다.

　톨레도 성당에는 한때 종교재판소가 있었다. 장인들의 피땀 어린 노력과 신앙심으로 화려한 성당이 탄생되었다. 그 성스러움을 배경으로 종교재판의 어두운 과거가 있었다고 생각하니 왠지 씁쓸했다. 성당을 나와 걸어서 세계 3대 성화의 하나인 '오르가즈 백작'을 보관하고 있는 산

토 토메 성당으로 향했다. 현지가이드로부터 성화의 배경에 대한 설명을 들으면서 그림을 보니 화면 전체에 꽉 찬 입체감, 치밀한 구도, 정교한 붓질, 화가의 대단한 공력이 생생하게 느껴졌다.

반도의 최서단, 까보다로까

톨레도 오고 가는 길에 지붕에 기와를 얹은 건물이 자주 보였다. 7세기경 아랍문명이 들어 오면서 이루어진 건축양식이라고 한다. 예부터 동서양이 교류했다는 흔적이다. 대단함과 착잡함을 품고 포르투갈의 최남서단에 위치한 까보다로까로 이동한다. 약 7시간이 걸리는 일정이다. 가는 길에 저 멀리 구아다라 산맥이 도로를 따라 길게 뻗어있다. 도로 좌우로는 목초지가 광활하게 펼쳐져 있다. 양떼와 소떼가 방목되고 있고. 가뭄에 강한 올리브나무가 군락을 이루고 있다. 비가 오지 않는 지역인지 가도 가도 하천을 볼 수가 없다는 점이 특이했다.

'메리다'라는 곳에 잠깐 들렀다. 로마시대에 건설된 길이 759m의 교량이 우리를 맞이했다. 돌로써 아치형으로 만들어진 다리인데 그 규모의 크기에 그저 감탄사만 나올 뿐이다. 강변을 따라 성벽이 세워져 있다. 허물어진 성벽 곳곳에 기독교와 회교 두 종교의 갈등을 나타내는 흔적이 혼재되어 있었다. 현재진행형인 두 세력 간의 가나긴 투쟁은 참 뿌리가 깊다.

오후 늦게 까보다로까에 도착했다. 바람이 아주 세차고 해무가 잔뜩 끼여 있다. 여기를 거쳐 콜럼버스, 마젤란, 바스코 다까마가 대서양으로 나아갔다. 그 날도 오늘처럼 바람이 불고 안개가 많았을까. 대항해시대를 개척한 포르투갈이지만 늘 떠나는 자와 남아 있는 자 간에 기약할 수 없는 이별은 서글픔(Saudade)이란 한이 되어 '파두'라는 음악에 담겨졌다. 파두를 들으면 어쩐지 짠한 느낌이 들 때가 있었는데, 그 이유를 알 것 같았다.

전통을 간직한 아름답고 세련된 도시들

톨레도 계곡을 흐르던 하천이 리스본에 와서는 타호강을 이룬다. 어디가 바다이고 강인지 잘 구분이 되지 않는다. 벨렘탑 거리에서 최초의 대서양을 횡단한 비행기가 전시되어 있다. 2명이 탔다고 하는데 가지고 간 물건은 커피와 연료란다. 바로 옆에 벨렘탑이 있다. 4층 높이의 등대로서 석양과 어울려 참 아름답다. 이 멋진 건물이 한 때 수상감옥으로 사용되었다고 하니 아이러니다. 이곳을 떠나면 다시 올 기약이 없기에 아쉬움이 남을 수 있겠지만 우리는 나그네일 뿐이다. 눈에 담고 가슴에 품고 떠나면 그만이다. 여행에서 집착은 금물이다.

콜럼버스 대항해의 출발지이자 남쪽의 내륙 항구도시인 세비야로 떠난다. 콜럼버스가 아메리카대륙을 향해 처음 떠났던 곳이고 마젤란이 세계 일주를 시작한 곳이다. 콜럼버스와 마젤란은 세비야의 '과달카비르' 강가에 있는 황금의 탑에서 출발했다. 이 강을 따라 3일을 내려가면 지중해와 만난다. 세계 3대성당 중의 하나이며 콜럼버스와 그의 아들의 유해가 안장되어 있는 세비야 성당으로 갔다. 세비야성당은 회교사원을 허물어 만들면서 건물하단부 기초는 그대로 이용한 독특한 형태다. 성당 내에 있는 긴 계단복도를 따라 전망 탑으로 올라간다. 전망대에서 사방을 둘러보니 저 멀리 황금의 탑이 보인다. 나는 인생에서 무엇을 찾으러 이곳에 와 있는가, 꿈도 꾸지 못한 채 주저하는 사람은 되지 말라고, 콜럼버스가 바람에 그의 목소리를 실어 보내는 듯하다.

저녁에 플라멩코 공연을 보았다. 플라멩코는 집시의 슬픔을 춤과 음악으로 승화시킨 예술이다. 배우들의 현란한 손동작과 다양한 얼굴표정, 서로 경쟁하며 소리를 내는 발 구르기 동작, 마치 현대무용을 보는 듯한 절도 있는 춤사위, 흐느적거리는 기타반주 등 1시간 30분이라는 시간이 금방 흘러갔다. 플라멩코도 시대의 흐름을 반영하여 변화해간다고 한다. 집시, 그들은 인도의 난민으로 북아프리카를 거쳐 스페인에 들어왔고, 이후 유럽으로 퍼져 나갔다. 어느 지역에서도 환대받지 못했기에 그들만의 독특한 문화를 유지하고 있다. 그들의 아픔은 곧 인류의 아픔이다. 전쟁과 착취로 점철된 역사의 어두운 면을 그들은 생존으로 표현하고 있다. 우리의 마음에도 집시의 슬픔이 묻어 있을지 모를 일이다.

세비야는 비제의 카르멘과 같은 오페라, 호색가 돈 주앙을 소재로 한 문학의 무대가 된 곳이다. 스페인은 예술가를 우대하는 전통이 있기에 고야와 같은 궁정미술가와 피카소, 세르반테스와 같은 세계적인 문호를 배출하였다. 우리나라에서는 예술가와 건축가를 거의 기억하지 못한다. 유교사회인 조선에서는 지식을 배경으로 한 권력이 모든 것의 중심이었다. 그나마 불교미술이 있어 문화의 숨결을 유지해 왔지만 국보급 보물 탱화, 대웅전 불상조차 그것을 그리거나 만든 장인의 이름을 알려주는 기록이 거의 없다. 참 슬픈 우리의 현실이다.

문학의 숨결과 종교의 화해를 만나다

누에보 다리가 있는 론다로 간다. 론다는 로마시대에 칸니발의 침략을 막기 위한 일종의 군사도시였지만, 세르반테스와 헤밍웨이의 인연이 스며 있는 곳이다. 작가라면 누구나 작품을 쓰기 위해 조용한 곳을 선호한다. 두 문호도 마찬가지였으리라. 세르반테스는 따뜻하고 풍광이 좋은 이곳에서 『돈키호테』를 저술했다. 그의 사후 400년 뒤, 40대의 헤밍웨이가 그의 자취를 좇아 와서『누구를 위하여 종은 울리나』를 썼다고 한다. 두 문호의 시차를 둔 만남에서 한 편의 러브 스토리를 읽는 기분이 든다.『누구를 위하여 종은 울리나』의 모티브가 된 누에보 다리를 올려다본다. 장대한 협곡사이로 흐르는 론다 강에 아치 형태의 다리가 아찔하게 놓여 있다, 다리 건너 카페에서 에스프레소와 생맥주로 헤밍웨이의 숨결이 남아 있는지 느껴보았다.

론다를 뒤로 하고 지중해가 한 눈에 보이는 네르하로 떠난다. 기후가 온화하여 유럽인들의 휴양도시로 유명한 곳이다. 보이는 집들은 영화의 한 장면처럼 아름답다. 여기 근방이 지브랄타 해협이므로 수평선 너머가 북아프리카 모르코 지역이다. 지중해는 생각과 달리 바닷바람이 세차게 불었다. 산중턱에 하얀 벽, 황토빛깔의 기와지붕으로 단장되어 있는 집들이 유달리 돋보였다. 프리힐리아나 마을이다. 과거 종교전쟁이 끝난 후, 아프리카로 떠나기 싫은 무어인들이 기독교로 개종하여 정착을 한 곳이라 한다. 마을입구에 삼각형의 마을 표지석이 설치되어 있고, 그 상단에서 물이 흘러나온다. 세 면에는 종교간 갈등이 격렬했던 회교, 기독교, 유대교의 문양이 각기 새겨져 있다. 이곳 사람들은 긴 시간 신을 내세워 다투었지만, 종교는 결국 화해이고 백강百江이 바다로 흘러들어가 합쳐지듯이 서로 통한다는 사실을 깨달았다. 그 증거로 이런 상징물을 세웠을 테다.

프리힐리아나에서 동쪽으로 약 300km에 걸쳐 해안선이 뻗어 있다. 해안도로를 따라 그라나다로 길을 향한다. 그라나다에서 발렌시아를 거쳐 바로셀로나가 이번 여행의 종착지다.

그라나다, 아 알함브라성.

그라나다로 가는 길에 네바다 국립공원을 지난다. 해발표고가 약 3,000m 이상 되는 봉우리로 이루어진 산맥으로 정상은 만년설로 하얗게 덮여 있다. 그라나다에 알함브라궁이 있다. 그라나다는 해발표고가 약 750m나 되는 고원지역이므로 더운 스페인에서 선선한 날씨 덕분에 휴양하기에 좋은 곳이다. 저녁을 먹고 알함브라 성의 건너편에 있는 전망대로 갔다. 알함브라성은 붉어진다는 뜻을 가진 성처럼 그냥 붉게 보였다. 전망대에서 내려와 집시 거주지역의 골목길을 걷는데, 우려와 달리 조용한 골목길이었다. 일단의 낯선 일행이 말을 걸어왔다. '저팬니지'라고 말하기에 코리안이라고 말하니 사우디아라비아에서 왔다고 하면서 곧 한국으로 떠난다고 한다. 한국에 왜 가냐고 물어보니 말끝을 약간 흐리면서 나에게 1달러를 보여주고는 원화를 한번 보자고 한다. 아마도 지갑을 보여주는 순간 그 지갑은 어디론가 가고 없으리라.

아침에 알함브라 성으로 갔다. '알함브라 궁전의 추억'이라는 기타곡으로 유명한 성이다. 입구에서 먼저 우리를 맞이하는 것은 분수대와 꽃, 기하학적 디자인이 돋보이는 아름다운 정원이다. 이슬람 정원에는 종교적인 의미로 어김없이 분수대가 설치되어 있다. 물은 30km떨어진 인근의 네바다 산맥에서 끌어온다고 했다. 벽돌로 지은 궁전 건물은 세월의 무게를 못 이겨 불안정했다. 벽체와 지붕 곳곳에 버팀봉이 설치되어 있어 붕괴를 막기 위한 필사적인 노력을 엿볼 수 있다. 건물 천장의 타일, 창에 있는 문양, 벽체의 타일문양은 정교하기가 이루 말할 수 없다. 우리나라의 불교사찰에서 보는 문양보다 더 화려한 것 같다.

순례의 의미를 일깨우다

버스 안에서 '고야의 유령'이라는 영화를 보았다. 프랑스 대혁명과 비슷한 시기에 스페인에서는 종교재판의 광풍이 몰아쳤다. 단란한 가정의 고운 딸이 파티장에서 행한 사소한 일로 이단자로 몰리게 되고, 종교재판관의 고문에 의해 거짓 자백으로 이단자로 수감된다. 여인의 집에서는 그 재판관을 돈을 미끼로 집으로 유도하여 회유한다. 절대적인 믿음은 어떤 고문에도 변할 수 없다고 말하는 그 사람을 고문에 의해 결국 자술서를 쓰게 만들고 그 내용을 공개한다. 재판관은 스페인을 떠난 후, 나폴레옹 혁명군의 우두머리로 스페인에 돌아와 종교재판소를 철폐한다는 이야기다. 영화를 보는 내내 종교가 무엇인지에 대한 의문이 들었다, 마녀나 이단이란 이름으로 숱한 악행을 저지른 종교인들은 자기가 무슨 짓을 했는지 알았을까. 지금도 우리 주변에 종교의 우상화란 이름으로 광범위하게 행해지는 믿음의 폭력은 없는 것인지.

지중해를 끼고 바르셀로나로 향한다. 휴게소에 들를 때마다 커피를 주문했다. 여기는 커피 하면 에스프레소지만 한국인 때문에 아메리카노를 판다고 한다. 우리나라에서 먹는 아메리카노와는 맛이 약간 다르다. 가격은 한국에 비해 거의 절반 수준이다. 바르셀로나 가는 길에 'The Way'라는 영화를 본다. 누구나 일상의 편안함 속에서 살아가다, 어떤 사건을 계기로 그 일상이라는 것이 모래성 위에 세워진 환상임을 일깨워 주는 영화다. 사랑하지만 바쁘다는 이유로 시간을 함께 하지 못한 아들이 산티애고 길에서 추위로 죽는다. 아들의 시신을 찾으러 간 아빠가 아들의 유골함과 함께 산티애고를 걸으면서 순례의 길로 들어선다는 이야기다.

우리는 누구나 길 위의 존재다. 살아서나 죽어서나 길을 가야 하지만 그 길의 종착지는 아무도 모른다. 단지 그 길에서 마주치는 인연의 의미를 깨달으면 된다. 그것이 순례자의 의미가 아닐까. 순례자는 자기 내면으로 돌아가 마음의 눈을 뜨는 사람이다. 지금 나는 낯선 곳을 여행해도 감동보다는 그저 일상으로 받아들이고 눈만 바쁘다. 한심스러운 마음만 절로 든다.

요즘 사람을 만날 때 지위나 돈보다 그 사람의 인생이 더 궁금하다. 내면의 깊이는 곧 눈의 깊이다. 눈이 깊고, 그윽한 사람을 만나고 싶지만, 내 눈이 깊지 못해서인지 그런 사람이 잘 보이지 않는다. 나도 내면의 깊이에 다가가기 위해 순례자처럼 스스로 어디론가 떠나고 싶다.

몬세라트 수도원과 성가족성당

바르셀로나 도착 직전에 해발 약 1,200m인 몬세라트산 암반에 수도원이 있다. 산악의 강건한 기상을 닮고, 속세의 묵은 때를 벗어나야 하기에 이런 곳에 수도원을 지었을 거라는 생각이 들었다. 수도원은 많은 사람들로 북적였다. 수도원의 화려하고 장엄한 건물을 외면하고 일행에서 빠져 나와 건물 뒤쪽으로 올라가니 뜻밖에도 갈비뼈가 앙상한 채 앉아 있는 부처님의 설산 고행상과 닮은 동상을 만났다. 이 수도원을 세운 창립자 같았다. 이런 분의 기상이 있었기에 몬세라트 수도원이 여전히 청정수도원의 기상을 유지해 가고 있을 거라고 생각된다.

바르셀로나에 100년을 넘어 짓는 성당이 있다, 스페인의 천재건축가인 가우디가 설계한 성가족 성당이다. 그의 탄생 백주년을 기념하여 2026년 개장할 예정이므로 준공까지 9년이 남았다. 성가족 성당은 그가 시작하였지만 그의 사후, 수많은 조각가와 건축가에 의하여 공사가 이루어지고 있다. 서쪽방향의 예수상이 특이하다. 예수가 실오라기 한 조각도 걸치지 않은 채 남자의 상징을 그대로 드러내고 있다. 이런 일이 우리나라에서 가능한 일일까. 성당을 뒤로 하고 가우디가 공원으로 조성한 구엘공원을 천천히 걷는다. 가우디가 만든 159m의 연속된 벤치는 세라믹 타일로 붙여져 파도의 모습을 형상화하였는데 보는 것만으로 특이했다. 바로셀로나는 곳곳에서 가우디로 인해 잘 익은 포도주처럼 풍미를 내고 있는 듯했다.

여행의 의미를 묻다

스페인은 이사벨과 콜럼부스, 그리고 세르반데스와 가우디로 덧칠한 느낌이었다. 여행이 늘 그렇듯, 끝나는 날에는 아쉬움이 남는다. 한국에서도 잘 걸리지 않는 감기로 꽤나 힘들었다. 여행은 낭만이지만 준비과정은 현실이어야 했다. 물품들을 꼼꼼히 챙기지 않고서, 가서 부딪치면 되겠지 하는 무모함이 화를 불렀다. 아내는 가방 2개를 준비하자고 했지만, 내가 하나로 고집하는 바람에 준비물품이 많이 부족했다. 가방 하나에 8박 10일의 짐을 돌돌 말아서 쑤셔 넣었으니, 아내는 새벽마다 짐을 싸면서 꽤나 힘들었던 모양이었다. 마음이 짐처럼 꾸겨져 첫 날부터 볼멘소리를 하더니만 중반에 결국 큰 소리를 울렸다. 이제 청춘의 한 때가 지나갔음을 냉정히 인식해야 하는데 아직도 젊었다고 생각해 이런 일을 초래한 것이다.

여행은 마음의 길을 청소하며 나아가는 행위다. 이번 여행을 통해 순례라는 의미가 새로이 다가왔다. 순례는 여유가 있거나, 그냥 속세의 오염에서 벗어나고픈 사람들이 추구하는 행위가 아니다. 누구나 생의 어느 구석에서 마주칠 수밖에 없는 나란 존재의 의미에 대해 진지한 내적인 갈망이 일어날 때 들어서게 되는 길이다. 웅장하고 화려하기 그지없는 몬세라트 수도원에서 부처님의 고행상과 너무도 유사한 카톨릭 성인의 동상을 마주쳤다. 고행상과 수도원의 묘한 대비가 그려지면서, 우리에게 보이는 대단한 모습들이 기실 순수한 한 사람의 마음에 우리의 욕심을 덧칠한 것에 불과할 뿐이라는 생각이 들었다. 결국 순례는 자기한테서 불필요한 것들을 하나씩 없애면서 나의 욕심으로 가리어진 속살로 들어가는 의미가 아니겠는가.

우리 부부에게는 이번 여행의 결실로 또 다른 욕심이 생겼다. 매 순간 삶의 무게로 오염되어 가는 우리 자신을 낯선 곳에서 마주치는 새로운 사물을 통해 정화하는 시간을 갖기로 했다. 손자라는 새로운 변수로 얼마나 많은 시간이 허락될지 모르지만, 나이 들수록 마음은 가벼워야 하기에 낯선 곳으로 여행가는 시간을 자주 만들자고 서로에게 다짐한다. 나는 이번 여행에서 무엇을 얻고, 무엇을 버렸는가. 아직도 꿈꿀 수 있고 나아갈 수 있는가, 인생의 중반을 넘긴 이순의 나이에 나에게 묻고 싶다.

저녁 무렵 인천공항에 도착했다. 8박 10일간의 여행에서 우리 일행은 서로 간에 얼마의 정도 있음직하건만 만남의 기약도 없이 가볍게 인사를 나누고는 새처럼 둥지를 향해 떠나갔다.

우리 부부는 또 다른 순례를 꿈꾸면서 집으로 가는 버스에 오른다.

부록

주역에 대한 단상

주역에 대한 단상

　서양의 정신분석학자인 칼 융은 주역에 대해 "주역은 자연과 같이 사람들 스스로가 발견할 때를 기다린다. 자기 자신을 알고 지혜를 사랑하는 사람들이 읽어야 할 책이다"라고 말했다. 주역이 무엇이냐고 내게 물어보면 아직도 선뜻 대답할 수 있는 말이 떠오르지 않는다. 십 몇 년 이상 주역공부의 귀거래처歸去來處를 찾기 위해 공들인 노력과 시간에 비추어 보면 한심하다는 생각이 들기도 한다. 그럼에도 여전히 주역이란 책을 손에서 놓지 못한다. 불현듯 주역을 공부하면서 느낀 단편적인 생각을 정리해보는 일도 또 다른 공부라는 생각이 들었다. 비록 주역에 대한 이해가 미미한 수준에 지나지 않더라도 학역자學易者의 입장에서 내내 화두처럼 머물고 있는 의문점을 두려움 없이 펼쳐보이는 것이다. 이런 시도를 통해 주역이라는 큰 산에 들어서서 길을 헤매는 학인이거나 주역공부를 시작하는 초학자가, 주역공부의 지향점이 무엇인가를 반추해 보는 계기는 될 수 있을 듯싶다.

1. 주역은 오늘날 우리에게 무엇을 가르쳐줄 수 있는가?

데카르트 이전 서양을 지배하고 있었던 사유체계는 기독교 신학이었다. 신학의 모태가 된 그리스 헬레니즘 철학은 진리계와 현상계를 이분법적 대칭구조로 보는 관점으로서 세계가 순수한 진리계와 세속의 인간계로 구분된다고 보았다. 이런 사유체계의 바탕위에서 인간은 순수한 곳에 계시는 하나님의 말씀을 듣고 그 말씀에 따라야 구원된다는 믿음의 종교가 태어났다. 어쩌면 이런 결과는 지극히 당연한 귀결이라고 할 수밖에 없을 것이다.

반면 동양 최고의 학문인 주역에서는 천도天道, 지도地道 및 인도人道를 하나로 묶어 하늘과 땅이 행하는 길의 변화에 맞추어 인간이 걸어가야 하는 도리를 제시한다. 주역은 인간이 이성으로 판단하기 어려운 일에 마주쳤을 때 하늘의 뜻을 알고자 하는 욕구로부터 출발하였다. 물음에 대한 답을 구하는 사람은 점을 쳐 얻은 64괘 중 하나의 괘와 그 괘의 특정한 효사로 나타내는 하늘의 뜻을 해석하여 현실상황에서 대처할 수 있는 지혜를 얻는다. 이러한 행위를 통해 천도의 이치를 궁구하면서 정성을 다하여 위로는 하늘의 덕을 본받고, 삶속에서는 학문을 익히고 실천하는 길로 나아가게 된다.

신학과 주역의 관점 차이는 무엇일까. 주역은 천도, 즉 하느님의 뜻이 음양의 변화로 나타난다고 보고 괘와 상을 읽어 그 뜻을 읽어낸다. 주역 점괘의 해석에서는 천명天命과 천덕天德을 많이 언급한다. 천명을 어떻게 받아들여야 할 것인가. 태양과 달이 포함된 천체가 움직이는 원리는 과학법칙으로 기술될 수 있지만 주역에서 말하는 천도는 음양, 또는 음양

오행으로 기술되는 자연변화의 법칙이다. 주역은 먼저 점괘를 뽑는 행위를 통해 천명을 묻는다. 어떤 괘에서 나타난 천명, 곧 길흉은, 점을 치는 사람의 밖에서 따로 독립적으로 주어지는 것이 아니다. 점괘는 점치는 사람과 분리될 수 없기에 언제나 점을 치는 자에게 좋은 괘일지라도 그에 맞는 덕을 갖추라고 말한다. 더욱이 점괘가 나쁘게 나오면 때를 기다리거나 덕을 기를 것을 요구한다. 그렇다면 굳이 점이라는 수단을 통하지 않고도 늘 스스로 그 때와 위치(時·位)에 맞게 대처하고, 모든 일에 삼가는 자세를 가진다면, 그 자체가 천명에 대한 보편적 대응이 될 수도 있을 것이다. 결국 주역은 점치는 데서 출발했지만, 점을 칠 필요가 없는 군자가 되는 길을 제시하는 학문이라고 생각된다.

주역 계사전繫辭傳에 신神이라는 표현은 천도의 변화라는 의미와 함께 쓰인다. '신묘함으로 다가올 일을 알고神以知來', '신은 음양과 같아 헤아리지 못한다陰陽不測之謂神', '신이란 만물을 묘하게 하고서 말을 하는 자神也者 妙萬物而爲言者也'와 같은 말을 들 수 있다. 신은 음양의 변화작용으로 신묘한 작용이 나타나고, 늘 천도와 함께 하기에 우주의 시공간 어딘가에서 따로 거처한다고 볼 수 없다. 사람이 이러한 신의 묘용, 즉 신도神道를 깨달으면 길흉의 결과에 자신의 의지가 좌우되지 않게 된다. 이는 주역 공부의 궁극적인 목적이 신인합일神人合一 또는 천인합일天人合一의 경지에 도달해야 함을 의미한다고 볼 수 있다.

현대사회에서 물신주의의 팽배, 사람들과의 관계 속에서 부조화로 말미암아 일어나는 소외, 자연을 개발해야 할 대상으로만 바라보는 인간 중심적 사고로, 사람들은 점점 더 자기를 둘러싼 타자로부터 고립되어 간다. 이 같은 소외현상에 대해 주역의 천인합일관은, 자연과 공존하고 사람과 사람, 자신과 타자와의 공생의 관계를 통해 조화를 도모할 수 있게 해준다. 이런 점에서 주역은 관계가 복잡한 현대사회에서도 여전히 깊은 울림을 줄 수 있다고 여겨진다.

2. 주역에서 말하는 理와 과학적 법칙

근대 서양의 과학문명이 발전하게 된 이면에는 르네상스를 기점으로 연역적인 사유방식의 체계를 수립한 것이 중요한 계기였다고 볼 수 있다. 신본주의에서 벗어나 인본주의의 길로 나아감으로써 사유의 뿌리가 그리스의 헬레니즘 사상으로 돌아가게 되었다. 데카르트는 천상계와 물질계를 확실히 단절하여 물질계의 이치를 밝히는 사유의 방법을 확립하였다. 데카르트가 구축하려고 하였던 객관적으로 증명될 수 있는 진리체계는, 그대로 과학정신으로 이어져 분석적, 추론적, 환원적, 연역적 탐구라는 흐름으로 전개되었다. 데카르트는 사유의 과정에서 객관적으로 인식할 수 없는 개념은 버리고 버렸다. 그러면서 그는 끊임없이 '왜'라는 물음을 통해 진리에 이를 수 있는 극한점까지 생각의 확장을 이어나갔다. 그가 최종적으로 도달한 결론은 "나는 생각한다, 고로 나는 존재한다."는 유명한 말이다.

이런 사유의 토대 위에서 뉴턴은 물질세계에 보편적으로 적용될 수 있는 운동법칙을 발견하였다. 그는 물리계의 기본 운동법칙인 제1관성의 법칙, 제2가속도의 법칙, 제3작용·반작용의 법칙을 수식으로 표현하였다. 이것은 물질세계의 법칙이지만 결코 경험적으로 느낄 수 없는, 현상의 이면에서 작동하고 있는 원리다. 사물의 이치를 궁구하다가 사물을 작동시키고 있는 법칙을 찾아낸 결과라 할 수 있다.

주역의 사유방법은 태극이 펼쳐낸 음양의 대대大對라는 움직임 속에서 변화의 이치를 궁구한다. 사물들 간의 관계는 끊임없이 움직이고 그치면서 다시 나아가는 변증법적 변화과정 속에 있다. 그 관계는 음양의 변화로 해석할 수 있기에, 점치는 자占者는 변화에 앞서 드러나는 미묘한 징조를 음양의 관점으로 먼저 읽어낸다. 주역을 공부하는 학인學人들은 형이상학적인 리理가 무엇을 의미하는지 깊이 음미해 보아야 한다. 주자는 격물치지格物致知라는 개념을 중요시 하였다. 여기서 격물은 사물의 이치를 궁구하여 그 지극한 곳까지 도달하는 것이고, 치지는 알고 있는 지식을 미루어 알지 못하는 영역까지 도달하는 의미다. 사물의 이치, 격물의 이치가 뉴턴과 데카르트가 찾았던 형이하학적 이치와 다른 것인지, 다르다면 어떻게 다른 것일까.

중력장에서 태양계에 포함된 지구가 태양을 중심으로 돌아가는 이치는 자연과학의 운동법칙으로 설명될 수 있다. 주역에서 말하는 형이상학적인 리理는 무엇일까. 주역이 물질계의 운행법칙이 아닌 형이상학적 진리로만 해석 가능한 수단에 머문다면 진리의 한쪽 면만 인정하는 체계에 불과할지 모른다. 주자는 그 때까지 이룩한 과학적 지식을 흡수하여 주자학의 이론적 토대를 세웠다고 볼 수 있다. 주자가 말하는 형이상학적 리理와 현대과학의 물리법칙과의 차이는 무엇일까.

주역에서 말하는 하늘의 운행도 물리적 법칙을 따라 움직일 뿐인데, 천지인天地人의 조화를 말하는 주역은 천도를 원형이정元亨利貞이라는 천지의 덕으로 해석한다. 근본적으로 천지가 운행하는 물리의 세계와 인간본성의 작동방식은 다르다. 천인합일을 주장하는 주역의 세계관은 이 차이를 설명할 수 있어야 한다. 경험적으로는 물리를 아무리 극한으로 연구해도 밝혀지는 것은 형이하학적인 법칙에 지나지 않을 수 있다. 하지만 양자역학에서는 관찰자의 마음이 극미의 물리세계에 영향을 미친다고 한다.

주역을 통해 천도, 지도와 인도, 그리고 형이상학과 형이하학이 통합될 수 있기를 바라지만 아직은 경험적 차원을 넘어선 미지의 영역이라 할 수밖에 없을 것 같다.

주역공부의 궁극적인 귀결점을 어디에 둘 것인가. 주역이라는 말은 곧 역술, 역학으로 인식되고 있는 것이 현실이다. 수천년 동안 수많은 학자들의 공력으로 이루어진 주역의 사유가 우리가 처한 현실에 어떤 기여를 할 수 있을까. 지금도 여전히 깊은 울림을 가질 수 있는 가치를 가지고 있다면, 주역 안에 녹아들어 있는 지혜를 어떻게 받아들여 펼칠 것인지에 대해 깊은 고민이 필요하다. 만일 주역의 원리가 너무 고원하다고 해서 신비의 영역에 있는 것으로 바라보거나, 주역공부가 그저 성인이 되기 위한 공부라고만 인식한다면 현실과 더불어 살아 숨쉬는 학문이 아니다. 세상의 변화를 거부한 채 현실과 담을 쌓고서 초연하게 스스로 선택한 길을 묵묵히 걸어가는 군자의 모습만을 강조한다면 결국 주역은 시대의 뒤안길로 사라질지 모른다. 변화의 마땅함을 추구하는 주역이 시대와 함께할 수 없다면, 수많은 학자들로부터 몇 천 년의 기나긴 담금질을 견딘 의미는 퇴색될 수밖에 없다.

인류의 영원한 숙제인 '나는 누구이며, 사람과의 관계는 어떠해야 하며, 사물은 무엇이고 사물과의 관계는 어떻게 해야 하는지, 세상은 어떻게 흘러가는지'라는 물음에 대해 주역은 그 답을 안내하는 빛으로 오랜 세월 비쳐주었다. 하지만 인공지능으로 대변되는 과학기술의 발달로 지금껏 주역이 밝혀 온 빛은 더 이상 필요 없을지 모른다.

오랜 시절 주역이 던져주었던 빛은 보이는 것을 넘어선 신비의 세계에서 오는 빛이고 인간의 마음 깊숙이 숨어 있는 지혜의 불빛이다. 그러기에 첨단의 과학시대에도 불구하고 주역이 가진 지혜의 빛을 밝혀야 될 당위성이 충분히 있다고 생각된다.

3. 시간의 문제

현대로 접어들면서 뉴턴- 데카르트의 기계론적 세계관이 아닌 양자역학의 법칙으로 기술할 수 있는 극미의 세계와 상대성원리로 해석되는 극대의 세계가 탐구되면서 뉴턴의 운동법칙들은 한계를 노정하게 되었다. 열역학, 양자역학, 일반상대성 원리 등이 우주의 보편적 법칙으로 제시되면서 세상을 바라보는 패러다임에 일대 전환이 일어나게 되었다. 최근 들어, 우리가 보는 세계는 인식할 수 있는 단순계가 아니라 복잡계이므로 인식 사고의 과정 자체에 한계가 내재될 수밖에 없다는 주장도 있다. 극미의 세계, 극대의 세계는 데카르트·뉴턴 세계관이 가지고 있는 절대적인 시간-공간좌표계가 근본적으로 한계를 가지고 있다는 사실을 보여준다. 무엇이 문제인가. 바로 관찰자와 시간의 문제이다. 나란 무엇이고, 시간이란 무엇인가. 나란 존재는 고정된 존재가 아니기에 어떻게 시간을 정확히 인지할 수 있는가. 시간은 공간적 변화를 통해서 감각체계 안에 들어와 인식될 수 있을 때에만 비로소 시간의 흐름으로 느낄 수 있을 뿐이다.

사실 시간과 공간은 분리될 수 없는 개념이다. 시·공간을 체용구조로 본다면, 시간을 체라 하고 공간은 용이라고 간주할 수 있다. 주역에서는 시중時中, 시의時義, 시의時宜, 시위時位라 해서 그 때를 굉장히 중요하게 여긴다. 그 때란 어떤 시간을 의미하는 것일까. 시는 어느 위치의 시간을 말하는 것이다.

주역에서 말하는 시간은 태극 안에서 음과 양이 갈마들며 움직이는 공시성共時性의 시간이면서 내가 주관적으로 인식하는 시간이다. 주역 설괘전에서 '역은 수를 거스른다易 逆數也'라고 기술하고 있고, 계사전에서는 '신묘함으로써 미래를 알고 지혜로써 행하는 바를 감춘다神以知來 知以藏往'라고 말하고 있다.

사실 주역의 점괘로 나타내는 예측은 시간의 문제라 볼 수 있다. 시공간적으로 제한된 삶을 살면서 늘 분별하는 관점을 숙명처럼 안고 살아가야 하는 인간은 미래를 미리 알 수 없는 존재이다. 시간의 제한은 바로 인간에게 부여된 운명이라 할 수 있다. 어쩌면 인간의 길흉은 시간과의 불일치에서 비롯되었다고 할 수 있다. 양자역학의 세계에서 나타나는 모습처럼 과거-현재-미래가 서로 물고 물리는相卽相入 공시성의 시간이라면 점을 통해 아는 미래예측은 무엇이고, 운명은 무엇일까.

4. 우주관의 문제

절대적 시간이 없다면 시·공간 구조로 설명되는 우주관은 무엇일까. 현대과학의 성과인 우주의 탄생을 설명하는 빅뱅이론에 의하면 시간은 있음에 대비되는 없음으로서의 상대적인 무가 아닌 절대적인 무, 그 한 점에서 탄생되었음을 전제로 한다. 빅뱅 후 시공간은 무수한 차원으로 퍼져 나가면서 지금도 팽창하고 있다고 한다.

64괘로 이루어진 주역은 어떤 우주관을 내포하고 있는지 뚜렷하게 말하지 않는다. 그렇지만 어떤 상황에서 괘와 효를 얻는 바로 그 순간, 시위時位가 어떻게 나타났는가를 설명해주는 우주관이 주역에 내재되어 있지 않다면 주역의 점은 어쩌면 논리적 타당성을 가질 수 없을지도 모른다.

주역 64괘의 구성은 8괘의 착종錯綜으로 이루어진다. 즉 64괘는 건乾과 곤坤이 본체로 서면 그 안에서 일음一陰과 일양一陽이 발동하여 하늘과 땅이 기운을 교환하고 수화水·火의 작용을 통해 팔괘가 착종되면서 괘가 차례로 만들어지는 것으로 본다. 건곤에서 시작한 괘들은 기제旣濟, 미제未濟卦로 끝나지만 다시 시작하여終則有始 무궁히 순환하는 모습이다. 천부경에서도 하나一에서 시작하여 수없이 가고 오고 다시 하나一로 순환하는 우주의 모습을 제시한다. 주역의 우주관은 공시성의 관점에서는 양자역학 및 카오스이론, 그리고 복잡계라는 관점에서는 혼돈계, 태극-음양-사상으로 분화하는 관점에서는 자기조직하는 시스템과 어느 정도 유사하다고 할 수 있다. 하지만 방법론적인 측면에서, 여전히 28별자리와 같은 고대 천문 역법이론에 토대를 둔 점괘의 해석은 어떤 과학적 의미를 가질 수 있을지 의문스럽다.

5. 예측의 문제

미래예측은 주역이 탄생하게 된 근본적인 원인이었다. 지금은 그 자리를 빅데이터로 무장한 인공지능이 대신하려고 하고 있다. 인공지능의 수준은 이미 알파고와 이세돌의 바둑대결에서 보았듯이 신선들의 놀이라고 간주되어왔던 바둑을 계산 가능한 게임으로 격하시켰다. 전통적인 의미에서 미래예측은 복잡한 현상계에서 중요한 인자들을 추려내어 그 인자들의 영향을 감안한 예측모델에 의하여 수행된다. 따라서 미래예측 모델에서 가장 중요한 것은 얼마만큼 변수들을 정밀히 뽑을 수 있느냐, 그리고 변수들 간의 관계를 얼마나 유기적으로 잘 구축할 수 있느냐에 달려있다.

　주역의 미래예측은 어떤 것인가. 주역은 천天이라는 블랙박스에 점치는 자의 양자택일식 질문에 대한 답으로 미래를 예측한다. 점괘의 해석은 내 마음을 돌이켜 흉함과 후회를 줄이거나 감당할 수 있는 준비를 하게 해준다. 하지만 나는 고립된 존재가 아니다. 길흉은 사회 속에서 발생되는 것이기에 나를 둘러싸고 있는 사회구조의 변화에 대해서 스스로가 어찌할 수 없는 경우가 많다. 그러기에 주역공부는 자칫 현실도피의 수단으로 인식되거나 염세주의로 흐를 개연성이 높다. 주역에 달통한 도인들이 세속을 피하는 이유도 이와 같은 본질적인 측면에서 기인된 한계에서 오는 것일 수도 있다.
　점괘의 해석은 결국 점사를 묻는 자의 학식과 덕에 달려 있다. 그래서 주역은 세심경洗心經 또는 군자학이라고 불리어진다. 주역의 점을 잘 해석하기 위해서는 지식과 행적을 많이 알아야多識傳言往行한다고 말한다. 이는 어떤 물음에 대해 끊임없이 배우고 알아가는 과정이 필요함을 말하고 있는 것이다. 진정으로 주역의 점에 능통하려면 폭넓은 공부가 병행되어야 한다. 주역본의를 저술한 주자도 그가 살던 시대의 철학적, 과학적 지식을 습득하여 각종 집주와 주역본의를 저술하여 후학들에게 길을 안내하였다고 볼 수 있다.

현대의 주역공부도 심리학이나 뇌과학 등의 다양한 학제와의 연계를 바탕으로 보다 심층적으로 이루어져야 한다. 반면 심성心性의 수행적인 측면에서는 상象과 괘・효사卦・爻辭의 체득을 통해서 욕심을 씻어내고 洗心, 마침내 천하의 연고를 통한다感而遂通天下之故는 경지로 나아가야 한다. 주역에서 점을 치는 궁극적인 의미는, 군자가 되고, 더 나아가 천인합일의 경지에 이르게 하는 데에 있다고 볼 수 있다.

6. 홍범과 하도낙서와의 관계

어떤 역학자는 홍범에서 말하는 오행이 물질차원의 오행으로 상생상극이 빠져 있다고 주장하면서 상서 홍범편을 전국시대의 창작이라고 말하기도 한다. 반면, 의리역義理易 학자들은 오늘의 주역이 점집의 상품으로 전락한 배경에는, 오행을 받아들여 술수역術數易으로 전락한 데 있다고 보고 오행체계를 주역에서 분리시킬 것을 주장하기도 한다. 홍범과 주역, 즉 음양과 오행을 결합시킨 역의 당위성과 독창성은 무엇일까.

최초로 오행을 언급한 홍범과 음양을 말하는 계사전의 하도, 낙서는 어떠한 연관성으로 설명될 수 있을까. 낙서는 하도에서 금과 화를 바꾸고金火交易, 우측으로 회전하면 만들어지므로 이 둘의 관계를 분리된 상생상극이라 한다. 하도와 낙서의 분리성이 아닌 상생과 상극의 조화를 통한. 즉 하도와 낙서를 종합한 하락총백도와 같은 역도易圖도 있다. 새로운 역해석의 틀이 열렸는지 알 수 없지만 하도와 낙서, 복희8괘와 문왕8괘의 관계를 고려한 새로운 8괘 모형이 필요하다는 반증으로 볼 수도 있다. 정역에서는 정역팔괘를 만들어 역의 해석을 하고 있다. 다가올 시대의 역의 해석을 위해서 설괘전에서 제시하는 문왕팔괘와 복희8괘를 넘어서는 새로운 8괘가 만들어지게 될 것인가.

7. 8괘와 64괘를 복희씨가 만들었다면 과연 복희씨 성인의 창작물일까?

우리가 사는 세계의 위대한 업적과 발견은 그 시대의 지식과 지혜의 종합적인 상호작용의 토대 위에서 나온 결과다. 8괘가 나올 수 있는 인식적 토대가 없는 상태에서 과연 복희씨만의 8괘가 가능할까. 8괘가 태극-음양-사상-8괘-64괘로 전환되는 고도의 사유체계의 바탕 위에서 나왔다고 추정한다면, 문자가 없던 시기의 복희씨는 어떻게 그러한 사유가 가능했을까.

주역해석의 가장 기본 틀인 팔괘로 복희8괘와 문왕8괘가 있다. 8괘 각각의 괘·상의 배속에 대해 설괘전에서 제시하고 있지만, 점괘 해석의 일반화된 관점으로 연관시키지는 못하고 있다. 일반적으로 형상을 보고 팔괘에 대비시켰는지, 아니면 팔괘의 괘상에 맞추어 사물을 대비시켰는지조차 애매한 점이 많다. 팔괘가 독립된 원소의 개념이 아니라 서로 변통하는 관계이다 보니 학인마다 얼마든지 달리 볼 수 있는 여지가 많다. 8괘의 괘·상을 취하는 과정은 먼저 복희8괘의 대대관계의 관점에서 보고, 다시 기운의 유행관계를 고려하여 문왕8괘와 연관시켜 해석한다. 팔괘의 각 상마다 이러한 관점으로 분류되어야 하지만 학인들마다 비약과 견강부회식 해석이 많아 논리적인 일관성을 확보하기 어려운 경우도 있다. 그래서 분별이 아닌 체득의 경지에서 8괘 취상을 바라볼 것을 요구하지만, 오히려 그러한 방법이 주역을 공부하는 초학자들에겐 합리적이 아닐 수 있기에 불편할 따름이다.

64괘에 대해 계사전에서는 팔괘가 열을 이루니 상이 그 속에 있고, 거듭해서 중첩하니 효가 그 속에 있다八卦成列 象在其中矣 因而重之 爻在其中矣라고 기술하고 있다. 문왕이 복희 8괘의 바탕 위에 거듭하여 64괘와 괘사를 만들고 주공이 효사를 지었다는 과정은 복희와 문왕간의 시대간 간극이 너무 커서 타당성을 주장하기엔 석연하지 않다. 일반적으로 8괘에서 64괘로 가는 과정은 수리적으로 일정팔회법一貞八回法에 의해 논리적으로 분명하다. 반면 주역의 착종과 배합방식에 의한 통행본 서술체계(건-곤-둔… 기제-미제)는 왜 그렇게 구성되어야 하는지에 대해 기록이 없다. 더더욱 주역 괘의 구성 순서가 일정팔회법과 어떤 연관성을 갖고 있는지는 알 수 없다.

8. 점괘는 과연 하늘의 상天垂象을 나타내 주는 것인가?

주역의 점괘가 왜 맞는지를 궁구해 볼 수 있어야 한다. 신명계의 전지전능한 힘으로 미래를 예측하는 것이라고만 한다면, 보이지 않는 세계는 영원히 비밀의 문 안에 감추어질 수밖에 없다.

주나라를 건국한 무왕과 강태공이 점을 친 고사를 통해 점괘의 의미를 어떻게 받아들여야 하는지에 대해 살펴볼 필요가 있다. 미래를 예측하는 일은 점괘를 맹목적으로 받아들이는 데에 있는 것이 아니라 다가올 미래를 합리적으로 해석하고 이해하는 것이 더 중요함을 보여주는 사례다. 인간이 점의 결과에만 매달린다면 또 다른 무지의 신에게 복종하는 일이 된다. 주나라의 탄생시기에도 강태공은 점괘를 부정하고 오히려 행위의 대의명분을 중요시함으로써 새로운 역사의 흐름을 이끌었다. 주역 점사의 해석도 사유의 합리성과 조화를 이루어야 한다는 사례가 아닐 수 없다.

주 무왕이 강태공과 함께 은의 주왕을 칠 때 점괘와 취한 행동은 다음과 같다.
1) 출병하기 전 점괘 : 거북의 등껍질과 톱풀을 사용하여 친 첫 번째 점괘는 대흉, 두 번째는 더욱 흉하였다. 이에 강태공은 점쳤던 도구들을 쓸어버리고 "거북의 등껍질과 톱풀은 말라빠진 뼈다귀와 죽은 풀에 지나지 않는데 이것들이 어떻게 길흉을 예측할 수 있겠느냐"라고 하면서 즉시 출병을 주장한다.
2) 국문을 나서자마자 갑자기 휘몰아친 큰 바람이 군기의 깃대를 꺾어버린다. 이런 불길한 조짐을 주 무왕은 오히려 하늘이 병사를 내린다는 말 天落兵 이니 하늘이 주나라를 돕는다고 해석하고 군대를 이끈다.
3) 목적지에 도착하여 다시 무당에게 점을 치라고 하나 거북의 등껍질을 구울 불조차 꺼져버린다. 무왕은 이것은 하늘의 뜻으로 불이 꺼진 것은 은나라가 반드시 멸망할 것임을 표시하는 것이므로 다시는 점을 칠 필요가 없다고 하면서 주위를 안심시킨다.
4) 목야의 전투에서 은나라를 멸망시킨다.

9. 주역의 지향점

우리나라는 삼국시대에 중국 한나라의 주역이 들어와서 주류를 이루다가 고려 말에 비로소 송나라의 의리역義理易이 들어오게 되었다. 조선시대에 이르러 주역은 선비들이 공부하는 경전 중 가장 어려우면서도 한번은 깊이 공부해야 하는 과목이었다. 조선후기에 접어들어 현실의 암담함에서 활로를 찾지 못한 재인才人들이, 후천의 세계를 꿈꾸며 심혈을 바쳐 주역을 공부하여 명맥을 이어오게 하였다. 요즈음에는 젊은세대가 주역을 배우려하지 않는다. 기껏 주역공부는, 한의과 학생들이 한의학의 이해를 위한 징검다리 공부라고 인식할 정도의 수준이다. 주역과 그다지 관련이 없는 명리나 풍수와 연관하여 접점을 찾는 정도다. 변화의 학문이면서 천지를 두루 감싸는 주역이 오히려 시대의 변화에 밀려 미로에 빠져있는 느낌이다.

주역은 대상을 모순의 관계로 이해하는 것이 아니다. 현상을 일음일양一陰一陽이라는 변화과정 속에서 상생과 상성相成의 상호관계로 이해하는 학문이다. 그런 점에서 개인의 개체성이 강화되고 관계 속에서 심리적으로 갈등구조가 점점 더 심해지고 있는 현대사회에서 모순과 통일이라는, 즉 대상과의 유기적 관계를 추구하는 주역의 열린 사고는 여전히 가치를 가질 수 있다.

주역공부의 장점은 상징성의 해독으로부터 얻게 되는 사물의 해석능력과 사물을 보는 다양한 관점을 익힐 수 있다는 데에 있다. 그러한 체험을 통해 일에 대한 경중과 행동의 완급을 조절할 수 있게 된다. 개인들은 복잡다단한 삶속에서 변화의 기준을 세워 삶을 이끌어 나갈 수 있다. 이런 점에서, 다양한 분야에 관심을 가지고 있는 젊은 세대의 주역공부가 필요하다고 생각된다. 젊은이들의 욕구와 시대의 변화에 맞게 주역을 널리 알리기 위해서는 주역의 전달체계와 쉽게 공부할 수 있는 방법에 대한 깊이 있고 다양한 고민이 필요하다. 무엇보다 주역공부를 왜 해야 하는가에 대한 동기부여를 젊은이들의 고민에서 찾아야 한다. 나아가 주역공부가 현실의 삶에 미치는 긍정적인 효과를 체화할 수 있는 연결고리를 찾아야 한다.

주역이 가진 특수성과 보편성 중에서 보편성을 어떻게 키울 것인가도 중요한 과제다. 주역이 살아있는 학문이 되기 위해서는 경문과 주역공부의 안내서인 계사전, 설괘전 등을 철학적 사유체계로 알기 쉽게 풀이하여야 한다. 현실에서 받아들일 수 있는 가치체계를 뽑아서 말해주는 한편, 과학을 포함한 타 학문들이 가진 각각의 논리와 주역의 논리가 접촉될 수 있어야 한다. 경문을 읽다보면 과거와 현대의 생활양식의 차이에서 오는 괴리감, 어쩔 수 없이 점사가 갖고 있는 본질적인 특수성 등이 걸림돌로 작용한다. 이는 주역해석의 대중화에 큰 걸림돌로 작용하므로, 현대인의 감성에 맞는 표현방식을 찾는 노력이 필요하다.

오랜 세월 한의학, 풍수, 명리학, 건축, 다도, 병법 등 문화생활 전반과 연결되어 있던 주역의 원리들이 실생활은 물론 현대 학문과의 연계선 상에서 새롭게 부각되어야 한다. 이런 일이 가능할 때 주역은 살아있는 학문으로서 계속해서 다음 세대로 전승될 수 있을 것이다.

수천년 동안 주역에 알게 모르게 입혀진 신비의 옷을 벗겨야 한다. 주역을 달통하면 모든 것을 다 알 수 있다는 믿음도 배격해야 한다. 오히려 주역공부로 이룰 수 있는 부분과 이룰 수 없는 부분을 명확히 구분해서 접근해가야 한다. 그럴 때 주역은 인간이 당면하고 있는 고뇌를 해결하는 단서를 보여 줄 것이다.

10. 주역의 수양론

주역과 관련된 수양론은 내적으로는 강건하고 외적으로는 쉼 없이 나아간다自彊不息는 말로써 압축될 수 있다. 복희, 문왕, 주공(卜筮易) - 공자(義理·象數易) - 위·진시대(義理易) - 한나라(象數易) - 송나라(義理易, 圖象易) - 명·청(象數易의 부활과 象數義理易의 통합)으로 이어지는 역학의 사상흐름에서 북송시대의 주자와 장재에 의해서 역학해석의 큰 흐름이 나누어졌다. 역에 대한 주자의 이기理氣를 통한 해석과 장재의 기일원적 해석이 그것이다.

주역경문의 해석에서 가장 아쉽게 느껴지는 점이, 몸에 대한 구체적인 수행체계가 부족하다는 것이다. 기일원론적 체계에서는 몸과 마음을 하나로 본다. 몸을 떠나서는 마음의 성리性理를 제대로 정립할 수 없다. 주역 계사전에서는 본심을 지키는存心 것을 말하고, 간괘艮卦에서는 그 등背에서 그침艮其背를 이야기 한다. 어디에 존심을 하고 어떻게 마음을 그치게 할 것인가. 단전에 존심을 하면 선도수련으로 연결된다. 주역과 선도수련은 중국 위진魏·晉시대 위백량에 의해 주역참동계라는 저술이 나온 이후, 뚜렷한 진전은 없었다고 할 수 있다.

주역이 제시하는 귀의처는 결국 마음을 씻고, 무사·무위의 경지에서 사물과의 만남에서 오는 경계를 무심히 받아들이는 수양론에 있다. 일상에서 주역 괘효사를 보는 관觀공부를 통해 마음의 때를 하나씩 벗겨 나감으로써 세상사에 일희일비하지 않는 평정한 심리를 회복한 수 있을 것이다.

심신의 조화를 말하는 주역은 현대과학에서 밝혀낸 인체원리, 한의학의 구성원리 등과 접목되면 새로운 의학체계로 나아갈 수 있는 길을 제시해 줄 수 있다고 생각된다.

수양론으로서 주역적 원리는 심신의 조화가 필요한 현대사회에서 아프기 전에 병의 원인을 미리 다스리는 양생의 지혜를 제시해 준다는 점에서 소중한 가치를 지니고 있다.

11. 주역에서 나오는 등장인물과 수양론

주역에는 군자, 성인, 대인이라는 용어가 자주 등장한다. 이외에도 제帝, 선왕, 후, 상, 소인, 이주豐卦 九四爻라는 용어가 나오는데 그 정확한 개념과 의미가 밝혀져야 한다. 주역은 수양을 통한 군자학이라고 볼 수 있다. 소인이 역을 공부한다고 대인이 될 수 있다는 것인지, 타고난 재질을 주역 공부를 통해 바꿀 수 있는 것인지가 불분명하다. 수양론으로서 의미 있는 가치를 가지려면 수행의 단계마다 도달할 수 있는 과위果位를 제시할 수 있어야 한다. 불교에서는 성문사과와 보살, 부처 등 수련의 단계마다 도달하는 위位가 있다. 주역에서도 그와 같은 단계를 밝힐 수 있어야 수양론으로서의 의미를 좀 더 분명히 가질 수 있을 것이다.

12. 주역의 논리구성과 전달

주역은 상象과 수數로서 나타내고, 진리理는 점자와 독자에게 맡겨놓고 스스로 깊이 음미하고 사유하게 한다. 마음을 가라앉히고 육효의 변화를 궁구하고 효爻에 붙은 말을 숙독하는 과정에서 점점 분별하는 마음의 때를 벗기는 경지로 들어간다. 침잠하여 사색하는 가운데 새롭게 터득하는 기쁨을 얻게 된다.

주역의 해석논리는 상당히 어렵다. 주역해석의 가장 큰 장점이면서도 단점은 여러 측면에서 다양한 해석이 가능하다는 점이다. 혹자는 귀에 걸면 귀걸이 코에 걸면 코걸이가 되는 논리라고도 한다. 사실 세계는 본질적으로 불확실성이나 모호성을 내포하고 있다. 그러기에 역설의 논리체계를 갖고 있는 주역은 다양한 관점으로 복잡한 현상을 해석할 수 있는 틀을 제공한다는 점에서 여전히 그 함의가 크다.

우리가 보는 세계는 음과 양, 보이는 부분과 보이지 않는 부분이 서로 갈마들며 변하고 있고 그 중간에 기氣라는 중간자가 끼어있는 삼중구조로 구성된 것으로 유추할 수 있다. 그러기에 인과성에 기초한 단일성의 논리만으로는 현상을 완전히 해석할 수 없고, 모호성만이 전부라고 하면서 인과성을 부정할 수도 없다. 단순성과 모호성의 양 논리를 종합할 수 있어야 새로운 역의 해석체계를 수립할 수 있을 것이다. 지금까지 대부분의 주역풀이는 서당書堂시대를 살아온 학인들에 의해 한문경전이 한글화되는 과정을 겪으면서 행해졌다. 단어에 대한 정확한 뜻풀이 없이, 상징성과 모호성을 그대로 둔 채 번역되다 보니 의미의 정확한 전달 측면이 어려웠다. 주역의 한글화 작업은 정신세계의 깊이와 넓이를 정확하게 전달한다는 점에서 제대로 이루어져야 한다.

주역해석의 일관된 틀은 학자마다 조금씩 다르다. 효변, 호괘, 착종, 납갑, 추이 등 많은 방법이 있다. 이런 방법들이 어떤 괘에 대해서는 부합하지만 다른 괘에 적용하면 모순에 빠지기도 한다. 대부분의 학인들이 일관된 방법에 의해 해석하지 않고 괘·효사에 따라 임기응변식으로 적용하다 보니 주역해석의 한계가 드러났다. 현재까지 주역해석의 유용한 해석의 방법으로, 괘의 순서와 이름과 뜻, 내·외괘의 이름과 뜻, 내괘와 외괘의 관계라는 관점에서 살피고, 육위六位로 나누어서 강유剛柔, 음양陰陽, 왕래往來, 주효主爻, 응·비應·比, 중中(二爻와 五爻)·위位(正位·不正位)로 풀이하는 것이 일반적인 해석법으로 받아들여지고 있다.

그러나 이러한 관점에 의한 괘의 해석이 64괘 전체 효에 대해 체계적으로 적용되어 해석되지 않고 있다. 학자에 따라 의리에 치중하거나 상수적인 관점에서 풀이하거나, 또는 둘을 절충하여 해석하여 왔다.

수많은 학자들의 해석방법 중에서도 송대의 정자와 주자에 의한 주역전의는 상수보다는 의리에 치우쳐 해석하고 있고, 또한 도덕적 관점을 견지한다는 비판도 받는다. 하지만 주역 해석의 폭, 64괘의 전체적인 회통, 문장의 유려함을 지녔다는 점에서 주역공부의 충실한 안내자 역할을 하고 있다고 생각된다.

13. 선후천의 문제

주역 건괘 문언전에 하늘보다 먼저 해도 하늘을 어기지 않고 하늘보다 뒤에 하여도 하늘의 때를 봉행한다先天而天弗違, 後天而奉天時라는 구절이 있다. 여기에서 선천과 후천이란 말이 나타난다. 소강절은 복희역을 선천역, 문왕역을 후천역이라고 하면서 현재의 세계는 후천이고, 그 이

전의 세계는 선천이라고 보았다. 후천이 언제부터 시작된 것이냐에 대해 학인들마다 다양한 견해를 제시한다. 후천의 시점이 왜 중요하며 그 의미는 무엇일까. 후천이 오면 천지도수가 바뀌어 지축이 다시 선다고 하는 주장도 있는데 이는 과학적으로 받아들이기 어려운 말이다.

선후천 교역시점을 동북아라는 지정학적 측면에서 보아, 우리나라의 공화국 성립과 같은 큰 사건을 계기로 후천이 열렸다고 보는 주장도 있다. 주역은 천지를 다 아우르는 도이므로 주역의 도를 깨우치면 천지자연의 변화를 알 수 있다고 하는데, 너무 중국이나 한국 중심의 시야에 갇혀 선후천의 문제를 논하는 것은 아닐까하는 의구심이 든다. 세계사적으로 볼 때 세계의 운명을 바꾼 사건은 너무나 많다. 중국이나 우리나라의 특정한 시점을 중심으로 선후천 교역의 당위성을 주장하는 것은 어찌 보면 견강부회식 해석으로 비춰질 수 있다.

피흉추길이 내 마음속에 있다면 선후천의 개념은 그리 중요한 것이 아닐 수도 있다. 남녀의 위상변화를 따져서 선후천이 왔다고 하면 지금의 힌두권과 회교권의 여성권리의 문제를 어떻게 받아들일 것인가 하는 문제에 봉착하게 된다. 그리고 후천이 온다고 할 때 종교 간의 화해도 동양권의 유불선 회통만이 아닌 가장 큰 종교세력을 가지고 있는 회교, 기독교를 모두 포함한 회통이어야 한다. 사실 동양에서, 유불선은 겉으로는 갈등적인 양상을 보이면서도 안으로는 태극의 원리처럼 상호교류와 상호작용을 통해 서로 보완적 기능을 해왔다고 볼 수 있다.

선후천은 천도의 변화에 의한 외부 요인에 의한 결과라고 보기보다 개인에게 주어지는 상황에 대한 마음의 문제로 해석해 보아야 한다. 궁극적으로 점괘의 해석은 내 마음의 변화를 수반할 수밖에 없다. 개개인의 의식의 확장에 의한 관점의 전환이라는 측면에서 본다면 사회현상을 기준으로 선후천을 고정하는 것에 대해서는 해석의 다툼이 클 수밖에 없다.

14. 역의 가르침은 무엇일까.

주역 공부의 목적이 미래를 알기 위해 점을 치는 것이 아니라면 주역을 공부해서 무엇을 얻을 수 있을까. 주역의 가르침을 요약하면 깨끗하고 정밀하고 자세하다고 할 수 있다. 주역을 공부함으로써 외물에 대한 집착으로부터 벗어나서 마음이 고요해지면 일의 조짐을 미리 파악할 수 있는 능력이 계발되게 된다. 일이 다가옴에 바로 사물의 시작과 끝을 그려볼 수 있기에 처신함에 적합한 때에 자기의 중심을 지키면서 대응할 수 있다. 그러기에 굳이 일마다 점을 치지 않더라도 평소에 주역의 괘사와 효사를 읽다보면 특정상황에 대한 대처능력을 키울 수 있는 모의(simulation) 연습을 하는 것과 같다.

주역은 일종의 삶의 지침서이며, 주역공부는 인생의 폭과 깊이를 넓고 깊게 만들어 준다. 주역 경전에 깊이 감추어져 있는 이치는 결국 삶에 대한 나아감과 물러남, 그침과 머무름의 바른 때를 읽는 것이라 할 수 있다.

15. 주역공부의 여정

모든 공부는 몸의 수행을 떠나서는 관념론에 빠지기 쉽다. 주역공부도 효사와 괘사의 의미만을 음미하고 유추하다 보면 자칫 관념론에 빠질 가능성이 매우 크다. 일반적인 경서공부와는 달리 거듭해서 보아도 질리지 않으며, 게다가 공부한 만큼 이해의 깊이가 깊어지고 폭이 넓어지는 특별한 맛은 분명히 있다.

64괘의 괘사와 효사는 원전은 물론 한글로 읽어도 쉽게 이해되지 않는다. 어떤 학자는 주역해석에 있어 주역경문으로 주역 자체를 연구하는 방법을 제시한다. 이런 해석방법은 경문의 다의성, 은유성과 간결성, 이천년 전의 한자와 지금 한자와의 괴리에서 오는 언어적 단절이 근본적으로 내재되어 있다는 점에서, 자칫 독단적이며 고립된 경향으로 빠질 우려가 있다.

몇 천 년 동안 많은 학인들이 주역을 공부하여 자기만의 일가를 이루어 많은 저서를 남겼다. 주역의 책들은 갖가지 꽃의 무리와 같다. 저마다의 견지를 주장하며 주역에 대한 이해의 정도를 펼쳐 보인다. 처음 주역 공부를 시작할 때에 주역이라는 산이 얼마나 넓고 높은지 가늠이 되지 않아 그냥 손에 잡히는 대로 이 책 저 책을 읽었다. 십년 이상의 긴 시간 동안 몇 번을 읽고 들어도 주역공부는 체계가 잡히지 않은 채, 어디로 가야할지 모를 정도로 앞길은 희미할 뿐이었다. 아는 것도 아니고 아주 모른다고 할 수도 없고, 정작 무엇을 공부했다는 흔적도 뚜렷이 찾을 수 없었다. 그렇다고 공부를 그만두기에는 그동안 들인 노력이 아까워 포기하기에는 미련이 남았다. 허허한 마음을 달래고자 이런저런 강의만 기웃거리는 시간만 계속되었다.

문제는 무엇이었을까. 돌이켜보니 상수와 의리 전반에 걸쳐 전체적인 체계를 가지고 있는 책을 집중적으로 읽어, 내 공부의 중심으로 삼지 못했다는 데에 있었다. 그동안 주역공부를 위해 많은 종류의 책을 개략적으로 읽어 보았다. 학계 쪽에서 나온 책은 상대적으로 논리적이지만 깊이가 없어 맛이 없다. 반면 재야 쪽에서 나온 책은 하나로써 꿰뚫는 일이관지—以貫之의 정신으로 회통하게 썼지만, 한글로 전달하는 수준이 미흡하여 표현의 한계를 드러냈다.

나의 관점에서 주역에 관한 책 중에서 주역전의는 주역을 가장 체계적이며 전체적으로 이해하는 데에 도움을 주고 있는 책이다. 의리와 상수를 다 같이 고려하며, 일관성 있는 체계를 가지고 있다는 점에서 학인들은 한번은 읽을 필요가 있다고 생각된다. 주역을 공부한다는 학인들 중에서 원전으로 된 '주역전의'를 혼자서 제대로 한 번 완독했다고 자신 있게 말할 수 있는 사람이 얼마나 있을까. 지금 돌이켜 생각해 보면 주역공부를 시작할 때 경문과 함께 처음부터 주역전의를 정독해서 공부의 중심을 잡았으면 좋지 않았을까 하는 생각이 든다. 물론 한문공부에 따른 부담감으로 힘들 수도 있겠지만, 느리게 가는 것이 빨리 가는 방법일 수도 있다. 그렇게 해서 공부의 중심을 잡은 다음 다른 책들을 비교·참고하면서 공부해 나갔으면 주역이해의 폭이 넓어지고 깊이도 깊어졌을 것 같다. 최근에 만난 학역필담(淸나라 杭辛齋)은 주역의 접점을 근대로 확대하고 주역해석의 깊이를 깊게한다는 점에서 관심이 가는 책이다.

주역공부는 지름길이 없다. 끈기와 호기심, 가볍지 않음이 공부에 있어 가장 중요한 덕목이다. 주역은 진득하게 파고들지 않으면 숨겨져 있는 깊은 뜻을 쉽게 보여주지 않는 것 같다. 오솔길을 찾지 말고 곧장 큰 길로 접어들어야 한다.

　주역은 산과 같다. 워낙 크고 깊은 산이라 접근마저 가볍게 허용하지 않는다. 그래도 조금씩 묻고 들으면서 길을 가야 한다. 하나의 산봉우리에 오를 때마다 그만큼의 경치를 보여주기에 계속 더 높은 산봉우리로 올라가게 되는 것 같다.

김태열 에세이

우물에서 생각을 긷다

초판인쇄 | 2018년 10월 31일
초판발행 | 2018년 11월 1일

지 은 이 | 김태열
발 행 인 | 이영옥
편　　집 | 김보영
발 행 처 | 도서출판 이든북
출판등록 | 제2001-000003호
주　　소 | 대전광역시 동구 태전로 43-1 (의지빌딩 201호)
전화번호 | (042)222-2536
팩시밀리 | (042)222-2530
전자우편 | eden-book@daum.net

ⓒ김태열, 2018

ISBN 979-11-87833-66-6 03810
값 15,000 원

* 잘못된 책은 바꾸어 드립니다.
* 이 책 내용의 일부 또는 전부를 재사용하려면 반드시 저자와
　이든북 양측의 동의를 받아야 합니다.

이 도서의 국립중앙도서관 출판예정도서목록(CIP)은 서지정보유통지원시스템 홈페이지(http://seoji.nl.go.kr)와 국가자료종합목록시스템(http://www.nl.go.kr/kolisnet)에서 이용하실 수 있습니다. (CIP제어번호 : CIP2018033868)